担任力を確実にアップする

高等学校

ホームルーム
経営
マスター

清田 哲男 編著

明治図書

はじめに　　本書を手にされている生徒思いの先生方へ

　本書を手に取られたみなさまはきっと，生徒たちが本当に大好きな高校の先生方なのだろうと思います。生徒と一緒によいクラスをつくろう，よいホームルームにしよう，そう願っておられるだけで，私の方から，あなたが担任されているホームルームの生徒のみなさんに「あなたの担任は素敵な先生だよ」と教えて差し上げたいくらいです。

　高校の先生なんて，世間では憧れの職業です。それは，生徒さんからしても同じく憧れの存在です。その憧れの存在が，私たちの幸せのために精一杯考えてくださっているだけで，生徒のみなさんは安心しますし，同時に誇りに思われるでしょう。ただし，唯一，そして最大の条件が，担任としての教育力量が伴っていることです。多くの高校の先生方は大学で教育学に関する単位を少しばかり習得されています。しかし，それだけの知識と経験で担任が生徒の未来を共に考えるには心もとないかもしれません。そこで，本書は，数々の高校の担任としての修羅場を潜り抜けたベテランの先生方に，生徒の入学の日から卒業の日までの日々の担任業務のコツを「しくじってしまった話」を交え，お伝えいただくものです。ご執筆くださいました先生方，この場をお借りして深く感謝申し上げます。

　もちろん，本書で示している方法がすべての状況に対応しないかもしれません。ただ，生徒が自ら「もっとしてみたい」，「こんなことやってみたい」と思ってもらえるために生徒をどう見つめるかについて，執筆の先生方が精魂込めて書かれた内容を知っておかれるだけでも，明日からあなたのクラスの生徒が少し輝いて見えるはずです。生徒が輝いて見える先生は，生徒からも輝いて見えています。互いの輝きで一層光り輝くクラスルームで生徒も担任も共に成長してくださることを願っています。この度は，本書を手にお取りいただき，本当にありがとうございました。

　2024年2月

清田　哲男

Contents

Chapter 2
生徒とつくる豊かな時間，豊かな「場」

Chapter 3
季節と歩む　高校教師のホームルーム経営術

新年度準備

Chapter 1

ホームルームづくりの楽しみ方

1　生徒一人ひとりの能力を最大限に発達させる方法

　本書を手に取られているのは，高校の先生で，しかも，ホームルーム担任として生徒一人ひとりの顔を思い浮かべながら一生懸命に学びを考えておられる方だと思います。でなければ，本書のこのページをお読みになっていないでしょう。この段階で，もう，素晴らしい高校の先生です。自信を持ってください。

　ところで，高校の先生の最大のお仕事をご存じでしょうか。高校生だけに限らず，平成30年度告示の学習指導要領では，教育を**「個々の生徒のもつ能力を最大限まで発達させること」を支援（適切な指導，援助）すること**だと述べています。もちろんホームルーム担任であろうとなかろうとです。もっと言えば，学校の先生であろうがなかろうが，育てるべき人が傍にいるすべての大人に課せられた宿命なのかもしれません。

　間違ってはいけないのが，**能力を発達させるのは生徒自身**であることです。しかし，私の若いころは，「あなたのホームルーム担任であるこの私があなたを成長させてあげましょう」とマジで思っていました。マジ恥ずかしいです。今になって思えば，高校生とさして年が違いませんし，私なんぞより，よほど人に寛容で，学びにどん欲な生徒もたくさんおりました。**彼らから学ぶべきは私の方**であったと思います。では，私のような人として薄っぺらい先生がどんな「支援」が可能なのでしょうか。**ホームルームが「生徒の能力を最大限に発達させる場」であるとして，先生としてのすべきこと**をみなさんとご一緒に考えてみましょう。

2　主役は生徒，先生は「主役を輝かせる環境」をつくること

　「主役は生徒」です。この意味は，「生徒の人生の中では，その生徒自身が主役」であるということです。教室では，先生が複数の生徒の耳目を集めて話をすることが多いですから，ついつい，主役の演者が先生で，生徒は主演

の先生の名指導を見つめる観客のように感じてしまうことがあります。もちろん，**先生であるあなたの人生での主役は「素晴らしい先生である」あなた自身**です。そこも実は先生をするにあたって大切なところです。みなさん大切になさって下さい。しかし，生徒も**一人ひとりがそれぞれの人生の主役を生きています**から，そこでは当然あなたは「先生の役」ですので主役ではありません。ただし，ある生徒にとっては，あなたは名脇役かもしれませんし，別の生徒にとっては環境の一部でしかないのかもしれません。どちらにせよ，先生の最大のお仕事は，**一人ひとりの生徒がそれぞれの人生で輝く主役となるための環境を整えること**だとも言えるでしょう。

3 「時分の花」を咲かせるために一人ひとりの「生徒の能力」を知ること

世阿弥は『風姿花伝』で，「**時分の花**」について書いています。「自分の花」と同じ読みになります。人は，６歳の時には６歳の時にしか咲かない花があります。16歳の時には，16歳の時だから咲かせることができる花があります。しかし，19歳では，16歳の時の花はもう咲かせることができません。**人生の中のその時々に花を精一杯咲かせることが大切**だと思います。もちろん，「時分の花」はその生徒にとっての「**自分だけの花＝真（まこと）の花**」とは違うよとも世阿弥は述べています。しかし，**その時々に咲く花を咲かせることで，いずれは「真の花」を咲かせることができます**。高校の先生のお仕事の１つには，15歳から18歳までの思春期の大切な時期のクラスの生徒全員が，「時分の花」を一生懸命咲かせようとすることができるようホームルームでの仲間づくりを含めた環境を，生徒と一緒につくることだと言えるでしょう。そのためには，**生徒がそれぞれに咲かせようとしている「時分の花」はどんな花かを知る努力**，つまりそれぞれの「**生徒の能力**」を知る努力が大切だと思います。

先生が生徒のこれまで咲かせようとしてきた花と，今咲かせようとしている花を理解すれば，もしかしたら，**いずれ咲かせるであろう「真の花」**も，

この生徒は先生と一緒に見ようとしてくれるのかもしれません。**それがキャリア教育への姿勢や支援の在り方の重要な1つだと言えましょう。**

ただ，私の経験上の話ですが，先生方の中には，残念なことに，生徒が咲かせようとしている花をついつい「そんな花，社会で通用しない」だの，「そんな甘いこと言っていてどうする」だの，「社会はそんなに甘くないんだ」だのと言ってしまうことがあります。たぶんそんなこと，生徒だってわかっています。**未熟でも，咲かせたい花を誰もが持っているもの**です。それを**夢**というのだと思います。花の内容が，どんなに拙くても，他者から見て他愛のないものでも，**夢をもって，花を咲かせる努力をすること自体が大切**なのだと思います。人生経験のある先生方から見て，小さかろうが，未熟であろうが，咲かせられたと実感しようが，そうでなかろうが，**「咲かせようとした経験」**が，次の**「少しだけ大きな夢」**をつくるための条件の1つとなります。また，後ほどお話しますが，**夢や理想があるからこそ，社会や自然の中の現実とのギャップや違和感，つまり，問題発見に向かう「問題」を感じることができる**のです。

ちなみに私が高校の先生をしているときには，「その花，私はいいと思うけど，○○先生はどう言うかな」なんてことを生徒に指導するタイプの，真に卑怯な先生でした。えへへ。

4　中学生の学級経営と高校のホームルーム経営の違い

よく，中学校の担任と，高校の担任は違うのかと聞かれます。法的な根拠でいえば，免許状が異なりますので，「違う」が答えでしょう。では，具体的には何が異なるのでしょうか。

基本的に小学校であろうが，中学校であろうが，大学であろうが，教育活動である以上，「個々の生徒のもつ能力を最大限まで発達させること」を支援（適切な指導，援助）し，**教育基本法の堂々の第1条に謳われております「人格の完成」に向かう目的**は同じです。では，小，中学校と高校との違い

は何でしょうか。学習のための生活集団への考え方が異なるのです。

法的には，小，中学校は，「保護する子女に，9年の普通教育を受けさせる義務」を負っている「保護者」が「通わせる」学校です。義務教育ですね。**しかし，高校は，「学びたい者」が「通う」学校です。**

中学校では，生徒の意志がどのようなものであっても，学校に集められ，教育活動がなされます。そのため，学級担任の役割は，どんな意欲の生徒でも学校で学びたいと思わせることが重要視されます。生徒による「学びが好きか嫌いか」，「中学校が行きたいか行きたくないか」は関係なく，中学校の担任の先生は，学級経営を行います。そのため，言葉を選ばずに述べれば学級編成は機械的な操作で決定しても成立します。

一方，高校では，**「学びたい者」によって構成される生徒でホームルーム経営がなされます。**「それって，高校の先生の方が楽じゃないの!!」と感じられる読者のみなさんも多いかと思います。しかし，高校のホームルーム担任をご経験されている先生方ならおわかりかと思いますが，高校という教育システムの前提となる**「学びたい者」であり続けるために，生徒を支援することは結構難しいのです。**その上，一人ひとりの「学びたい」目的や内容が異なります。そのため，**中学校では学習する生活単位が，学年団によってグループ分けされた学習集団である「学級」であるのに対し，高校での学修する生活単位が「個々の異なる学びたい」が集まる「場所」であるため，「ホームルーム」と呼ばれる**のです。

中学校の担任も，学級経営のため，環境を大切にしなければなりませんが，高校のホームルーム担任は，それ以上に，多様な意欲の生徒が集う，ルーム，つまり**「場」を大切にしなければならない**ように感じます。

5 チームで教育すること

何度も繰り返して私自身の経験で恐縮ですが，目の前に座っている生徒の中には，私なんかよりよほど他者の言動に寛容である者や，私なんかよりよ

ほど高い理想を持って学習している者もおりました。きっと，私が気が付かないだけで，多くの生徒が私なんかが考えもつかないような苦労をしながら生活しているのだと思います。**人として尊敬に値し，人として学ばなければならない生徒もたくさんいました。**それは，生徒だけでなく，同僚の先生方や，保護者の方，地域のみなさま，学校に関わる業者である企業のみなさま，**すべての人に，敬意をもって接することが学校の一構成員として，とても大切なことだと思います。自分の周りにいる人，環境から，少しでも多くのことを学ぼうという姿勢を伝えることこそ，一番生徒に伝えなければならない**ことなのでしょう。生徒は，これからチームで考えたり，**チームで問題を見つけ，課題をつくり，解決したりする資質や能力を培うことが大切になります。**AIの進化は，人がたった1人で新しいテクノロジーを生み出したり，イノベーションを展開したりすることが「難しい」ことを教えてくれます。**今まで考えもしなかった考えや文化を調和させることができる，知識と技術と，心の在り方が求められる**と思います。そのためには，**まず，先生が教員仲間や地域，保護者，そして生徒たちとチームとなり，新しい教育のあり方を示すことも大切**なのかもしれません。

6　「高校の先生である」という立場

　でも，「それって，生徒と対等ということ？」という疑問が湧く話になります。もちろんです。しかし，読者のみなさんも**人に優劣をつけることができない**ことくらいはおわかりになると思います。どのような状況であろうとも，**個人の尊厳を互いに尊重すべきで，**これは日本国憲法の精神であるはずです。「では，指導できないじゃないですか!!」って，叱られそうです。慌てないください。**指導するのは，人としてではなくて，担任の先生という立場**です。授業でしたら，国語の授業担当教師という立場です。そして，目の前にいるみなさんも〇〇高校〇年〇組の生徒という立場で座っています。指導したり，評価したりできるのは，先生という立場だからであり，決して，

みんなのお兄さんとしての立場や，学校の先輩としての立場ではないのです。先ほども述べましたように，人として，人を評価することはできません。司法でも，社会や組織が法の下で判断されるのであって，裁判官一個人の意見で判断しているのではありません。それこそ，単なる感想です。

　あくまで**高校の先生という立場だから評価できるのであり，あくまで生徒という立場として，先生のお話を聞いている**のです。しかし，その立場は単なる役割ではありません。誰でもつける立場ではないのです。**この立場になるためには，大学4年間でその素養を学修し，教育教員免許法で定められている高等学校教諭一種免許状を有している者だけがその立場になり得るのです**。だからこそ，その立場は，尊重されるべきものです。

　しかし，残念なことに，高校の先生という立場とは異なる立場で接しようとする先生もおられました。何を隠そう，若き20代の私です。えへへ。生徒の気持ちを理解しようとする1人の人間として接しようとしたり，なんでも相談に乗れるよき「兄貴」として頑張ろうと思ったりしていました。えへへ。何より，その時の私が，生徒に伝えようとしていたのは，生徒たち一人ひとりの未来を考えることの面白さや，目の前の困難を乗り越えるための心の在り方でもなく，「生徒に寄り添っている教師としての素敵な私」だったのですね。今思うととても恥ずかしいですし，そのことはとっくに見透かされていたのですね。

　本書を手に取られている方ならば，どのような状況になったかはおわかりですね。それは，生徒のみなさんに，私の人としての未熟な面を晒しただけですし，生徒のみなさんも生徒という立場で接することができず，私に「どの立場で接したらいいのだろう」と悩ませただけでした。挙句の果てには，私のそのような魂胆をお見通しの，私なんかより何倍も人の心を大切にする生徒に「先生は私たちのことを理解しようとしてくださいます」なんて，気を遣わせたりしてました。当時はそのように気を遣わせることで「うまくいった」なんて思っていたりしました。それも1つの生徒との接し方ではあるのかもしれませんが，**「素敵な私の発信」や，「生徒を理解している私の満足**

感」を得るために生徒をつかっていた結果，ありとあらゆるトラブルが起きました。勿論，そのトラブルも，素敵な先生として対応しようと思っていましたから，高校の先生という立場での対応ができていませんでした。その結果，多くの生徒を傷つけてしまいました。

7　高校の先生ってどんな立場？

　では，高校の先生の立場とは，どのような立場でしょうか。それは，自分自身で決めるしかないのです。**人は，いろんな立場を並行して生きています。**私であれば，先生としての立場だけでなく，父親としての立場，息子としての立場，パートナーとしての立場，アニメの視聴者としての立場，鉄道会社の乗客としての立場，○○さんの友人としての立場，数えきれないほどの立場で生きています。仮に高校の生徒の前で，父親としての立場で接すれば，きっと，発言も違ってくるでしょう。それぞれの立場からの見え方を視座というのだと思います。その**視座の数が多い人が，視野が広い人**と言われるのだと思います。たくさんの視座，広い視野の人が想定する高校の先生の立場と，その逆の人が想定する高校の先生の立場とでは，全く異なることは言うまでもないでしょう。**社会の中で，どれだけ多くの立場で環境や社会，人を見つめてきたかが，その人の高校の先生としての視座や立場を決める**のだと思います。

　しかし，さらに残念なことに，**自分のことは自分では理解できません。**あなたについている**目や耳や皮膚はあなたの「外側」を感じるために**ついています。自分自身の内側を感じるためについていません。あなたがどのような高校の先生であるかを「思い込む」ことはできます。ところが，**あなた自身は，その立場が，本当に生徒にとって的確な先生の立場であるかはわからないのです。**では，どうすれば，わかるのでしょうか。まず，**自分の「外側」**にいる生徒さんや保護者，教員のお仲間，地域の方の先生としての言動を聞いてもらって，その反応を，自身の目，耳，肌で感じて確認するしかありま

せん。そして，その上で，反省などしながら，自分の「内側」を変化させて，生徒にとって大切な「先生という立場」をつくっていくしかないのです。

8 思春期の子どもたちを理解しよう

　ましてや，**自分自身でもない生徒を理解することはなかなかできません。**しかし，生徒の外観を見つめていると何となくわかることがあります。いわゆる**「生徒と向かい合う」ことでわかってくる**というものですね。もう１つ生徒を理解する方法として，**「生徒の見ているもの」を一緒に見る**ということです。そうすれば，生徒の思考の一端が見えてくるように感じています。

　まず，「生徒と向かい合う」ためには一概には言えませんが，思春期についてある程度知っておくことが大切だと思います。高校生である思春期の後期になってきますと，いろいろな身体の変化（第二次性徴）によってグーンと成長し，**自分の中に大切にしている価値と社会で大切にされている価値のバランスを苦悩しながら取ろうとするという特有の時期**となります。専門用語で「自我同一性の確立」と言います。これらのバランスが崩れると暴力的になったり，必要以上に誰かに甘えたりします。性への興味と，その姿をクラスメイトなどの社会的な価値と照らし合わせて苦悩するのです。その苦悩を，ファンタジーの世界で消化しようとする生徒もいれば，勉強やスポーツで消化しようとする生徒もいます。つまり，**生徒の多様な消化への方法を，様々な学習活動の場面で受容し合えるような状況をつくることが必要**になります。

　そのためには，「生徒の見ているもの」を一緒に見ることが大切かもしれません。特にＬＨＲや，キャリア教育では，生徒と一緒に見る目標を遠く，または，大きく設定することが大切だなと思います。

　例え話で書きます。目標が近い場合，例えば，隣の教室が目標だと移動する方法は限られています。せいぜいドアまで歩くくらいでしょう。**目標までの距離が短いと，その生徒の多様な個性を生かすことが難しいのです。**その

ため，欲求が満たされなくなったり，開き直って，先生の指示を請うように
なったりします。しかし，隣の高等学校へ移動する目標を設定すれば，その方
法は，生徒の個性や状況で異なります。歩いて行こうとする生徒もいれば，
自転車の生徒，バスやタクシーを利用する生徒もいれば，中には家族に電話
する生徒もいるでしょう。この違いは，これまでの経験の違いや性格の違い
ですね。それは，未来への目標でも同じです。**ある程度遠く目標を設定すれ
ば，生徒の多様な方法が活用される**ことになるでしょう。そして高校の先生
は，**生徒たちのそれぞれの異なる到達の方法を互いに尊重できるよう支援す
ることが大切**なのだと思います。

9　生徒指導スキル×教科指導スキル

　ところが，あまりに遠い場所，例えば他の国の町などを目的にすると，ど
のように移動してよいかわからなくなります。その場合，**教科学習では，様
式や概念として生徒に移動方法を教えます。そして総合的な探究の時間で，
多様な様式や概念を活用してその場所に到達する**ように自覚してもらうので
す。あくまで例え話ですが，このように目標の設定とその達成の方法とでク
ラスでの活動と教科や探究学習の意義の違いを考えてみました。つまり，**生
徒指導の考え方と，教科指導の考え方は基本的に変わりません。**

　図１を見てください。これは，生徒の価値の広がりを４コマ漫画で説明し
たものです。

　１コマ目では，生徒は自分の知っていること，感じることだけの世界
（Ａのエリア）で生活していることを表しています。この生徒が持っている
丸いモノや三角のモノは自分が大切にしている「価値」です。

　２コマ目では，何かを自分の世界の外に見つけました。自分の興味がない
もの，あまり必要と感じていないＡ以外の領域に気になる「何か」を見つけ
てほしいのです。授業では，この「何か」をそっと授業中の環境か，ワーク
シートの中に仕込んでおいて気付かせます。ＬＨＲでは，仕込まずに，自身

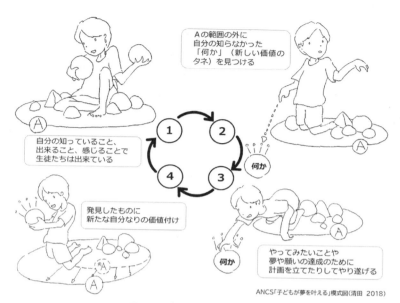

ANCS「子どもが夢を叶える」模式図(清田 2018)

図1　生徒の価値の広がり

のクラスメイトの関係の中や，自身の生活の中に気付けるようにするのです。ただし，授業でも，ＬＨＲでも，この「何か」を先生が，Ａのエリアに「ほら，これ面白いよ‼」「知っておいた方がいいよ‼」って放り込むと，ほとんどの生徒はそれを大切な社会的な価値とわかっていても，ポイとＡの外に捨ててしまうことがあります。自分でほしいと思わなければ，基本的に「いらない」のです。

　３コマ目では，自分で見つけて気になった「何か」を獲得しようと努力します。その時に，こんな知識を使ってみる？こんな技術あるよ！なんて支援します。そこで習得された知識や技能がはじめて，生徒によって活用できるのです。これは，授業でも，これから続く生徒の長い人生での学びも同じです。ただし，先生がいれば，支援ができますが，卒業すれば，習得する知識や技能は，自分で探すことを覚えていきます。

　４コマ目では，「何か」を獲得したところまでＡのエリアが広がりました。これを繰り返しながら，生徒たちは広く大きく成長していきます。

10　高等学校学習指導要領における生徒の発達の支援のポイント

　学習指導要領で文部科学省が述べる主な目的は，教育目標と各教科等の教育課程，つまりカリキュラムを編成するにあたってのガイドラインを示すものです。そして，平成30年に告示された学習指導要領では，総則編第6章「生徒の発達の支援」として，「生徒一人一人の発達を支える視点」や「個に応じた指導」を充実させるために，高校の先生のお仕事を以下のポイントでまとめています。

第1節　生徒の発達を支える指導の充実
1　ホームルーム経営，生徒の発達の支援
2　生徒指導の充実
3　キャリア教育の充実
4　生徒の特性等の伸長と学校やホームルームでの生活への適応，現在及び将来の生き方を考え行動する態度や能力の育成
5　指導方法や指導体制の工夫改善など個に応じた指導の充実
6　学習の遅れがちな生徒の指導における配慮事項

第2節　特別な配慮を必要とする生徒への指導
1　障害のある生徒などへの指導
　（1）　生徒の障害の状態等に応じた指導の工夫
　（2）　通級による指導を行い，特別の教育課程を編成した場合の配慮事項
　（3）　個別の教育支援計画や個別の指導計画の作成と活用
2　海外から帰国した生徒や外国人の生徒の指導
　（1）　学校生活への適応等
　（2）　日本語の習得に困難のある生徒への指導
3　不登校生徒への配慮
　（1）　個々の生徒の実態に応じた支援
　（2）　不登校生徒の実態に配慮した教育課程の編成

高等学校学習指導要領　総則編第6章より

他にも，学校の運営や，家庭や地域社会との連携及び協働と世代を越えた交流，他高校や異校種との連携，道徳教育なども担任のお仕事として考えられます。

11　理想を持って，生き方を考える時間，総合的な探究の時間

　何のために総合的な探究の時間があるのでしょうか。それは，平成30年告示の学習指導要領にはっきりと書いてあります。「**自己の在り方生き方を考えながら，よりよく課題を発見し解決していくため**」です。

　ただし，**他者である先生は，生徒の「生き方」に直接関与するのではなく，「生き方を考えること」に関与すべき**でしょう。学習者が現在や未来の自己の生き方について，様々な知識・技能や経験を活用して考えることに「支援」するだけです。生徒一人ひとりは全く異なる環境，家庭で育っていますし，それに伴う知識や，経験，性格も多様だからです。

　では，どうして，**生き方を考えながら課題を解決することが必要**なのでしょうか。それは，何度もお示ししておりますように，生徒が「個々の生徒のもつ能力を最大限まで発達させること」を支援（適切な指導，援助）し，「人格の完成」に向かってもらうためです。それは，小学校も中学校も大学でも，**教科で学んだことを活用して，「どのように社会・世界と関わり，よりよい人生を送るのか」を考え続ける**ことが平成30年度告示された学習指導要領に通底して示された資質の大きな柱の1つです。

　しかし，そう簡単に自己の生き方に関する「課題」を見出すことはできません。かといって，ネットやマスコミで話題になっている問題や課題を，あたかも自分のものであるかのように話ができただけでは，「見出した」ことになりません。**日常生活の中で自らの課題やすべきことを見出していく支援が必要**となるのでしょう。

　では，どうすれば，学習者が自身の課題を導くことができるのでしょうか。よく「問題発見，課題解決」と言われて，問題と課題がほぼ同じ意味で

使用されることがあります。ただ，学問領域によって，問題と課題のニュアンスも異なり，問題と課題の違いについては一概に言えませんが，ここでは，ビジネスモデルとして最近散見されるようになったギャップ分析（As is To be）のモデルを活用して問題と課題について考えます。

　ギャップ分析とは，あるべき姿（理想）と現状の違いから，現状に潜む問題を導き出す手法です。あるべき姿と現状との間に差があったり，違和感が生じたりすればそれが「問題」です。簡単な例でいえば，自分の理想の体重が50kgであるのに，体重計に乗ると現状は60kgだった。この10kgの差がこの人にとって問題です。そうすると，この問題を解決するために，「10kg減量する」ことが課題となります。そのため，ギャップ分析を基にして考える場合，「問題は解決するもの」であり，「課題は達成するもの」であると認識するとわかりやすいかもしれません。下の図は，問題と課題の関係と，課題の達成までを図示した「ギャップ分析を基にした問題・課題構造図」です。

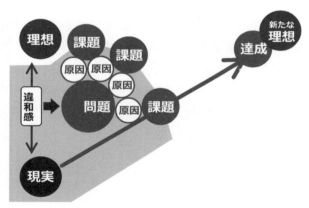

ギャップ分析を基にした問題・課題構造図

　ただ，個人で差異を感じるためには，２つの資質や能力を育んでおく必要があります。１つは**あるべき理想をつくる知識と論理性**，もう１つは，**現状を感じ取る感性**です。

12　あるべき「理想」のための知識と論理性

　前項でも少しお書きしましたが，自分や，社会，環境に対してあるべき理想がなければ，現実との差を感じることができません。自分自身のことであれば，先ほどの理想の体型，理想の趣味等で，ある程度の理想は持つことはできます。しかし，**社会や，自然環境，生命や生き方についてのあるべき姿や理想は，ある程度学習しなければ持つことができません。**だからこそ，各教科の学習が必要なのです。例えば，理想の大気の状態，理想の社会構成人数，１日の理想の発汗量等，理科や社会等の**教科で知識を学んだ上で，生徒自身が，理想として，あるべき姿として価値を見出す必要がある**のだと思います。なぜなら，人の個体は千差万別で，同じ酸素濃度であっても，人によって最も理想とする状態は異なるし，自分にとって最も思考しやすい会議の人数も異なるからです。さらに，**「いいなぁ」と思える価値を自身の感覚だけでなく，他者に説明するために論理性が必要**なのです。先例で言えば，「自分の理想と思う体重がなぜ50kgなのか」を他者に理解してもらおうと思えば，その論拠が求められるということになります。

13　今を感じ取る感性

　現状の把握は，これこそ個人の感覚です。例えば，現在の気温が20度であったとして，これが寒いと感じる人や，暑いと感じる人もいますので，自身がどう判断するかです。「データ上平均値です」と述べられれば，一見問題はないように思えます。しかし，そこで**「やっぱり，どうもおかしい」と感じることこそが新たな人類共有の問題を探究する契機となる可能性**を秘めています。つまり，20度が平均気温かもしれませんが，そのとき，湿度が異常に高かったり，大気中の窒素の量が異常に多かったりする場合もあります。そこに気が付くのは，自分の感覚です。そこから，自身の違和感に基づいてデータを探ると，一般化できる問題を見出せるかもしれません。昨今，ＳＮ

Sで自分の価値や感覚を他者の判断に頼る場面が増えてきています。ほしいものがあっても，まずネットでの不特定の他者による評価で判断したり，お店でお肉を買うときも「焼き肉用」と使用方法を誰かに明確にしてもらわなければ判断できなくなったりしてきています。別にどんなお肉を買ってもよいのにね。**自分自身で問いを立てるためにも，自身の感受からのおもしろい，美しいという価値に自信を持てる生き方をしてほしい**なと思います。

14 2つの自己肯定感

そのために，生徒に自己肯定感をつけることが大切だと聞きます。そして，心理学者の高垣忠一郎さんによれば，自己肯定感は2つの性質のものに分けられるのだといいます。1つは，「競争に勝ち，他人より優れていることで満たされる」という「競争的自己肯定感」です。自己の優越性を誇示するような自己肯定感だそうです。これは，競争に負けると，すぐに「私はダメだあ」って，傷ついてしまって「自己否定感」になってしまいます。もしかしたら，自分を負かした相手を「否定」することだってあるかもしれません。もう1つが，**「自己のかけがえのなさ，自分が世界に二つとない，かけがえのない人生を生きているということ」に基づいた「共感的（共生的）自己肯定感」**です。こちらは，比べるわけではないので，傷つかないし，誰も奪うことができないと高垣さんは述べておられます。

受験戦争と呼ばれる中に高校生が位置づけられて，さて，何年たつでしょう。生徒に，胸を張って生きてほしいものですが，みなさんは果たしてどちらの自己肯定感で生きてほしいですか。

どこからか，「理想論だ」「夢物語だ」という声が聞こえてきそうです。ごもっとも。

ただ，生徒に，**夢や理想を持って生きるのが人間の素晴らしいところだと伝えるのも，高校の先生として大切な仕事**だとも思います。

Chapter 2

生徒とつくる豊かな時間，豊かな「場」

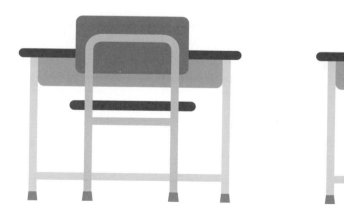

1 生徒自身の主体性を育む場としてのHR

> **「主体性」は「安心」できる環境・クラスの仲間で育まれる**
>
> 　「主体性」の育みには，自分から行動した結果，他者から諭され，「悪いこと
> をしたという気持ち（罪悪感）」を抱く体験も必要です。しかし，否定されるばか
> りでは，自己の判断で動くより，指示を待つ方が安全だと学ぶでしょう。不
> 安に揺れる生徒の「○○したい！」「○○しよう！」を生むためには，どんな自
> 分（失敗する自分・間違う自分）でも「ここに居てよい」という安心が大切で
> す。温かいまなざしでクラスを満たしましょう。

Mission　担任ミッション

Mission1　「気持ち」の通じる双方向のコミュニケーションを大切にする

　短時間ですが，全員が揃う貴重なコミュニケーションの機会です。出欠確
認や連絡事項など事務的で一方的な情報伝達のやり取りの間にも，生徒は言
語・非言語のメッセージを発しています。丁寧に受けとめて応答することで，
「自分」は「居てよい・存在を認められている」と感じるでしょう。

Mission2　生徒同士の関わりを増やし，人間関係の束をつくる

　毎日1分でも「快体験」（不快体験は危険）を仲間と話してみましょう。
自分の体験を伝えると，自ずと自分を眺め，「主体」が明確になるでしょう。

Mission3　気になる（問題）行動に対して「人」への非難・叱責をしない

　目に見える行動は結果です。気になるのはなぜかを吟味し，行動の背景に
目を向けて理解と対応を検討しましょう。非難・叱責によって行動を抑え
（変化）させる支配的なコントロールは，主体性の育ちを阻害します。

Point　**主体性は「北風」でなく「陽のぬくもり」の中で育ちます**

ベテランの先生からのヒトコト

　職業柄「人としてあるべき姿」を生徒に示すことが求められることがありますよね。しかし，「本音（感情・欲求・考え）を無視する・持たない」こととは違います。自分の本音を見て見ぬふりすると，自身のストレスとなり，無意識のうちに生徒の対応に響くかもしれません。先生の「本音を大切にしながら自他と折り合っていく姿」が，主体性を育むよきモデルだと感じます。

 生徒からの意見

生徒Ａさんから ▶▶　　○○さんが□□（校則・マナー違反等の行動・状況）をしているのを知っていますか？先生は注意しないのですか？

意見への対応　▶　　この類の問いかけ（迫り方）への対応では，まず，生徒の話を丁寧に聴くことから始めるのがよいでしょう。「何を問題と感じている？」「それは何故？」等を丁寧に聴いて貰う安心感のもと，自分と向き合い価値観や考え・意思を明確にする過程が主体性の育ちにつながるからです。

やってしまった!!しくじり噺

■しくじり噺１：「期待に添うしんどさ」に気付かず追い込んでしまった

　委員長としてリーダーシップを発揮している生徒に，とある行事のまとめ役を依頼したとき，突然「何でもかんでも押し付けるな！」と叫んで教室を飛び出しました。「よい子」でなければ否定される「不安」や，本音を出せない「しんどさ」に思いが至らず，意図せず追い込んでいたようです。

■しくじり噺２：甘えを受けとめることを甘やかすことと勘違いしていた

　遅刻や提出物の遅れを厳しく叱ったり，できなくて泣いている生徒に「泣く暇があったら……」と厳しい視線や言葉を投げることをよしとしていた時代がありました。誰かに叱られないための行動や，負の感情を表に出さず頑張る姿を強いるのは主体性を認めないことと同じことなのに……反省しきりです。

2 生徒間の理解の場としての学級日誌

> **学級日誌は，人間関係を紡ぎ「クラス風土」をつくり出す**
>
> 　学級日誌は登校から下校までの担任がいない場面の出来事を含む全活動を記録する役割を担います。特に，出欠・遅刻・早退等や保健室利用の記録等は，緊急時の所在確認や履修の問題等につながることもあります。それだけでなく，記載することで，クラスの一員としての所属感・自己存在感を実感し，クラスメイト全員への関わり方や相互理解が進化していく記録でもあります。

Mission 担任ミッション

Mission1 ＳＨＲの進行・連絡事項の伝達・説明を当番生徒に委ねる

　進行・連絡によって，クラスメイト全員に対し，互いに内容を確認し合う双方向のコミュニケーションをつくる機会でもあります。できるだけ生徒主導で進むよう工夫し，担任は１歩引いてサポートしましょう。

Mission2 できる限り生徒から直接日誌を受け取り会話の時間を設ける

　労をねぎらい，内容確認や補足等を直接聞くことで，集団内で役割・責任を果たした達成感や自己効力感を支持しましょう。各記録や振り返りを通して生徒個人や相互関係の理解や，関係づくりの支援や手がかりにしましょう。

Mission3 短くても，必ず担任のコメントを記入する

　当番以外の日の頁も読み返している光景を目にします。書き手の１日，クラスの１日の思いに心を寄せる言葉は，見守られている安心につながるでしょう。

Point たかが学級日誌と侮るなかれ。担任と生徒で綴る共著作品です

ベテランの先生からのヒトコト

　学級日誌は，同じ役割を日替わりで担う全員共通の体験です。地味ながら，集団内で自他の存在を確認し合い協働する大切な場になります。また，生徒の眼と耳で得た情報の報告ですから，生徒のものの見方・考え方，関係性等もうかがえます。空白・行間が訴える何かも含めて，宝の山かもしれません。

 生徒からの意見

生徒Aさんから▶▶　朝・夕2回も，職員室前の掲示板を見て確認するのは大変なんです。事務的な連絡事項は，先生がしても同じじゃないですか？

意見への対応　▶▶　タイトな日程の中で，連絡事項を確認して日誌に記入し（板書も？），クラス全員に伝えるのは大変です。だからこそ，達成感や充実感，感謝や相互支持の風土の醸成につながるのですね。互いに労をねぎらうこと，そして，丁寧に意義を伝え役割達成のサポートを継続することが基本です。

やってしまった!! しくじり噺

■しくじり噺1：長期欠席の生徒が登校した日も「欠席」と板書されていた

　久々に登校した生徒を心から歓迎したつもりでしたが，前日の欠席者の板書を残したまま，誰も気付くことなく次の朝を迎えたのです。欠席していても日々新たな自分を生きているのに……。謝って済むことではありませんよね。

■しくじり噺2：コメントを記入せず，確認印だけ押してダメ出しを受けた

　「私にもコメントを書いてくださいね」と言いながら日誌を持ってきた生徒がいました。「担任にとって」ではなく「生徒にとって」が大事，と頭ではわかっていてもついつい……生徒に優しく教えてもらって気付いた次第です。

3 生徒の生きる力が見える放課後の時間 （アルバイトと学習の両立）

すべての生活や環境を学びの場に変え，力の入れ方のバランスを育む放課後

　生徒にとって，放課後のアルバイトは社会との結びつき，金銭感覚，勤労観等を肌で感じることができます。まさに学校で学べない「学び」を社会の中に見出す，大切な時間です。職業や勤労についての知識や経験から未来への目標を持つことで勉学への取り組む意識の向上も期待されます。そして，学校生活での経験や教科学習とのバランスを自ら考える時間でもあります。

Mission 担任ミッション

Mission1 アルバイトでの学びを生徒の生活環境から理解

　生徒と様々な環境や条件をカウンセリングし，生徒が前向きにアルバイトにも勉学にも励むことができる方向にアドバイスしていくことが必要です。事業所や家庭からもヒアリングして，アルバイトで必要のある時間と場所，そして，活動から何を学んでいるのかの把握と理解が大切です。

Mission2 生徒と関わるすべての教員との情報共有

　担任だけでなく，その生徒と関わるすべての教員に生徒の現状を把握していただき，生徒が前向きに取り組めるような声掛けをしていただくことが必要です。また，様々な視点で生徒を見守り，ちょっとした変化を見逃さないことで，生徒は安心してアルバイトで働き，学ぶことができます。

Mission3 生徒や保護者が見つめている未来を共に見つめる

　保護者と密に連絡を取り，家庭として生徒をどのように育みたいと考えておられるのかを理解した上で生徒を支援してください。

Point 事業所・家庭・学校の連携・連絡を密に，学びを見出すアルバイト

ベテランの先生からのヒトコト

　生徒一人ひとり，家庭それぞれで環境が違うことを認識し，対応する必要があります。しかし，忘れてはならないのが，生徒自身が生活の力の入れ方を状況に合わせてバランスのよい生活をするためにはどのようにすればよいのか考えることが大切です。一方で，実施中，実施後も生徒の変容に気をつけ，学校生活に関する援助を丁寧に行うことも大切です。もちろん，事業所と家庭と共に生徒を育んでいることも忘れないでください。

 生徒からの意見

生徒Aさんから ▶▶　○○（居酒屋）でのアルバイトをしたい。

意見への対応　▶▶　まずは，アルバイトをする理由についてのヒアリングを行います。その時大切なのは，その生徒自身が学校生活や，進路を含めた未来をどのように考えているのかを明確にすることです。そして，学校での現状を担任からだけでなく，学年主任や生徒指導部，部活動の顧問等，その生徒に関わりのある先生とよく相談してください。ただし，お酒を提供するアルバイト等はなぜ避けるべきなのかはしっかりと伝えてください。

やってしまった!! しくじり噺

■しくじり噺：生徒からのアルバイトの申請を最初から否定した

　校則が原則禁止だったため，最初から否定してしまいました。しかし，家庭が金銭的に非常に厳しく，生徒と話をしていく中で，保護者の方も病気で今まで通りに働くことができなくなっている状態であることを後から知りました。そのため，私のほうから，保護者の方と連絡をとり，アルバイトへの支援を行いました。実際にはアルバイトが原則禁止のため，金銭的に厳しい家庭の生徒であっても言い出せない生徒も多くいます。普段から様子を把握し，先生方と共に生徒一人ひとりに対応できるようにしておくべきでした。

4 目には見えないもう１つのHRの場〜HR通信〜

「伝えたいこと」を生徒と一緒に文字にする

　ホームルームづくりをする上で，生徒に担任の思いを伝えることはとても大切です。同時に生徒の思いを共有することも大切です。担任であれ，生徒であれ「伝えたいこと」はこちらが思ったより伝わっていないことが多いものです。「伝えたいこと」を文字にすることで，視覚的なメディアとしてより確実に伝わることが期待できます。

Mission 担任ミッション

Mission1 | 生徒一人ひとりの活躍を見逃さない

　HR通信を書こうとすると，書く内容をクラスの中で見出すことが必要となります。担任に慣れないうちは，「HR通信のネタ探し」＝「生徒一人ひとりの活躍をよく見ておく」ことで生徒の活躍を見るようにしましょう。

Mission2 | できるだけ定期的に発行する

　週に１回なら月曜日に発行する等，定期的に発行することも「持続可能なものにする」ためのコツです。多忙な生活の中ですから，不定期の発行では定着しにくいと思います。理想的な発行パターンは，週に１回等の定期発行に加えて，学校行事等の際には特別号を発行するというのも１つの方法です。

Mission3 | 保護者と共に育むためのツールにする

　保護者の中には，学校から持って帰ってきたHR通信を見て，学校で起こっていることを把握される方もおられます。生徒と保護者に考えてほしい話題をHR通信に盛り込むことで，みんなで考える機会になるでしょう。

Point 生徒を中心に考えるクラス経営のための強力なツールです

ベテランの先生からのヒトコト

　「伝えたいこと」を文字化するということは，リスクもあることは覚えておいてください。一度出してしまった内容をなかったことにするのはほぼ不可能です。思想信条に関わる内容，教育的観点に欠けた内容や著作権を無視した内容等，それを読んだ生徒や保護者が不快に感じ，場合によっては，いわゆる「炎上」ということも十分にありえます。文字にすることのリスクを十分理解した上でＨＲ通信を作成する必要があります。そのようなリスクを避けるためにも，管理職や学年主任に内容を確認してもらうことも１つの方法です。

 生徒からの意見

生徒Ａさんから▸▸　私の掃除の方法を，通信で取り上げてくれてありがとうございました。（卒業前のコメントより）

意見への対応　▸▸　通信を書くことで，日々の掃除の中で他の生徒が気付かないところまで丁寧に掃除するなど，生徒の小さな活躍を見逃さなくなります。このような積み重ねが，生徒と保護者の信頼として結実します。

やってしまった!! しくじり噺

■しくじり噺１：無断で生徒の顔が映った写真を掲載してしまった

　体育大会でのリレーで大活躍したＡさんに喜んでもらえると写真と共に記事にしました。しかし，その晩，保護者から連絡がありお叱りを受けました。もう１歩先の思いにまで至っていなかったことにその時気付かされました。

■しくじり噺２：一方方向の担任の意見を押し付けてしまった

　自分のクラスに対しての思いを伝えることは大切ですが，行き過ぎて生徒から反発もありました。クラスは多様な考えの集まりです。以降，私の考えより，生徒一人ひとりの意見を紹介する内容に変えました。

5 保健室でつくる心と体の健やかな時間（健康診断を含む）

自分と向き合う場所づくり

　心も体も大きく成長する生徒にとって，日々変化する自分を受け入れるためには色々なエネルギーが必要になります。クラスルームとは異なる「保健室」は，生徒が自分の多様な変化について考えたり，見つめたりする場所であるとも言えます。担任として，生徒の思いに寄り添う新たな指導の視点を得ることができるのも，保健室なのではないでしょうか。

Mission　担任ミッション

Mission1　何もなくても保健室を訪れてみる

　クラスルームの生徒が来室した時だけでなく，何もない時間に立ち寄ると，生徒が授業とは違う表情をしていたり，特定の時間になると現れる生徒がいたりして，普段では見えてこなかった生徒の思いに出会えます。

Mission2　保健室の先生と情報を共有する

　生徒の保健室への来室記録や，健康診断の記録を読むだけでは分からないことがあります。養護の先生しか知らない来室時や健康診断での，生徒の顔色，声の調子，周りの空気等，を教えてもらっておくと，生徒の思いを知ることができ，担任としての関わり方を考える材料となります。

Mission3　自分の心と体を知る大切さを発信する

　生徒や保護者に対して，「保健だより」等で心と体に関する専門的な情報を発信されています。その情報を一つひとつ確認し，クラスでも共有することで，日常生活から自分の健康について考えるきっかけをつくります。

Point　保健室が持つ「場の力」を最大限に生かしましょう

ベテランの先生からのヒトコト

　生徒の心や体の成長について自分がどう思っているのか，という話題はとてもプライベートなことです。学級という公の場では，なかなか口にすることもできません。口に出せたとしても，本心から言いにくいことは先生方が予想されている通りです。だからこそ，「保健室」という場所が必要となります。ただ心と体を休める場としてだけでなく，教師は生徒がどのように自分や他者，学校を捉えているのかを知る場として考えることも大切です。

 生徒からの意見

生徒Ａさんから▸▸　保健室で休もうとしたら，「最近，よく保健室を使っているから，今日は授業に行きなさい」と言われました。

意見への対応　▸▸　このように，担任に話をしにくる場合は，教室に戻れない何らかの理由があるときです。辛い理由，しんどい理由をまず，受け止め聞いてください。

やってしまった!! しくじり噺

■しくじり噺1：保健室での秘密の話の共有の仕方

　保健室で生徒から聞いた話を，他の先生方と共有する時，話の事実だけでなく，「保健室だからできた話」という背景の共有をしていませんでした。学年主任の先生からは，「保健室での話」など，話の背景を共有する必要性を教えていただきました。

■しくじり噺2：保護者の方の思いを汲んだ情報共有

　保護者の方は，保健関係の書類を詳細に記入してくださいます。しかし，私は家庭連絡の際に，健康に関する情報を曖昧なままに話してしまい，保護者の方を不安な思いにさせてしまったことがあります。ベテランの先生に，書類に込めた生徒への思いをもっと想像するようにと教えていただきました。

6 教室とLGBTQ問題

先生の果たす役割が大きいLGBTQ問題

　学校には性を二分化して理解する文化があり，学校で過ごすことで生徒は同性愛嫌悪，同性愛をからかう態度などを自然と身につけてきました。そのような文化に晒され，周囲の眼を気にしながら生きている生徒がクラスに高い確率で存在します。性的マイノリティへの否定的な見方の内面化は自己否定につながります。この悪循環を断ち切れるのは担任の先生です。

Mission 担任ミッション

Mission1 誰もが大切にされる場をつくる

　誰もが自分はここでは大切にされる，と感じられる安心，安全な空間をつくるのが担任の仕事です。「生きづらさ」を感じている生徒にとって安心できる空間をデザインするクリエイティブな仕事です。

Mission2 性的マイノリティへの意識の悪循環を断ち切る

　該当生徒はクラスに一定数存在します。しかしそれが「見えない存在」にされています。そのためそこにいる該当生徒が「自分は例外で異常だ」と自分を蔑んでしまい，隠れて見えない存在となってしまう悪循環があります。

Mission3 異性愛規範が同性愛嫌悪につながることを断ち切る

　「異性を好きになるのは自然なこと」，「男はこうでなければいけない」といった言葉（異性愛規範）が，同性愛嫌悪などにつながっています。クラスでもそのような発言が交わされていないか，担任自らの言動も含めて気をつけたいものです。

Point クラスに当該生徒が存在する前提で言葉や行動を考えましょう

ベテランの先生からのヒトコト

　例えるならば，当該生徒は「クローゼットの中から（身を隠して）」先生やクラスメイトの言葉を怯えながら聞いていると言うこともできるでしょう。誰が信頼できる人なのかをいつもうかがっています。教室で発言する時は，クラスにいるＬＧＢＴＱの生徒は，授業のこの部分を，私のこの発言をどのような気持ちで聞いているだろうか，と常に意識しましょう。つい自分の言動を「普通」と考えがちですが，それは自分の「普通」ではないか，それは誰かの「生きづらさ」をつくっていないか意識しましょう。

 生徒からの意見

生徒Ａさんから ▶▶ 　隠すから存在しないように見えて悪循環が起こると先生は言われていましたが，やはりカミングアウトしたほうがよいのですか。

意見への対応 ▶▶ 　そんなことはありません。性のありかたはもっともプライベートなことです。誰もそれを開示する必要などありません。指摘した悪循環はあります。でもその解消のために目指すべきは，クラスをカミングアウトなどしなくとも問題ないと感じられる場所にすることです。

やってしまった!! しくじり噺

■しくじり噺1：失言を謝る勇気が持てなかった

　授業中「異性を好きになるのは自然なこと」，体育大会準備で「男子がテント建てで，女子は椅子の雑巾がけ」などと発言，指示してしまいました。すぐに失言に気付きましたが「いまの発言は不適切」と謝る勇気が持てませんでした。私も不完全だが克服しようとしている，との姿を見せるべきでした。

■しくじり噺2：不用意な発言で該当者探し，詮索を招いてしまった

　「このクラスにいてもおかしくない」という発言が該当者探し，詮索を招いてしまいました。存在しているのに存在しないかのように扱ってはいけませんが，言葉足らずのため，それが誰か，の詮索を招いてしまいました。

7 家庭や地域社会とつくるグローカルな時間

> **グローカルな視点と行動力は予測困難な時代を生き抜く力の素**
>
> 　私たち人間は，衣食住による，家庭での安定した生活が大切です。しかし，同時に，社会的環境の中に存在し，そこに参加することを通して新たな自分を見つけたり，社会に影響を及ぼしたりしながら変化していく存在でもあります。海外の異文化の風習や，ＡＩによって日々の生活が刻々と変化しています。予測困難な時代を生き抜く力は，学校が，最も身近な環境（家庭）と，より大きな環境（地域・社会）に開かれつながった世界の中でこそ育ちます。

Mission 担任ミッション

Mission1 教科指導の中で，グローカルな視点と実生活を日常的につなぐ

　校外実習や地域活動など学校教育活動内での地域協働事業だけでなく，よりエコロジカルな視座に立って，すべての教育活動でマクロ（地球・宇宙規模）とミクロ（細胞・遺伝子レベル）の思考・実践力を啓培しましょう。

Mission2 家族や学校関係以外の人間関係の中での体験を大切にする

　「自分らしくどう生きる？」に直面する高校生にとって，多様な生き方に触れる経験は自分をデザインする確かな道標になります。興味・関心を主体的な実践活動に発展させる舞台づくりには保護者・地域の協働が必須です。

Mission3 先生自身が視野を広げ，積極的にチャレンジしてモデルを示す

　子どもは人との関わりを通して自己形成します。先生が柔軟に世界を広げ生き生き活動すれば，自ずと生徒の視野も広がり活動が活発化するでしょう。

Point 学校・学年・教科等チーム体制の中で取り組むことが大切です

ベテランの先生からのヒトコト

　地球規模の視点を持ち地域社会に貢献する力って？と考えていると，society5.0，ＳＤＧｓ，地球温暖化，高度情報化，少子高齢化等様々な課題が浮かんで気が遠くなります。その一方で，課題の先には「自然や生命への畏敬・感謝」のようなシンプルな言葉に集約されるものがあるようにも感じます。時代が変化しても，大切なものは大きく変わらないのかもしれません。

 生徒からの意見

生徒Ａさんから ▶▶　授業で計画した地域活動は授業扱いと聞きました。課外に実施する活動なのに不参加を欠席扱いにするのはおかしいのでは？

意見への対応　▶▶　授業として実施する地域活動は，誰もが公平に参加でき，ＰＤＣＡを学習として深化できるメリットがあります。Ｄ（実践）が課外になる場合には，事前に教務担当教員と相談するなどして，教務上の問題を周知して理解を得ておきましょう。

やってしまった!! しくじり噺

■しくじり噺１：先進的な取組を進める際，担当者への配慮が足りなかった

　過疎地域の空き店舗を借りて定期的に地域活動を実施したり，限界集落の施設訪問のイベントを開催したりした際，地域活性化や生徒のキャリア開発には成果があった半面，一部の教員の業務が増えて人間関係が悪化しました。

■しくじり噺２：地域の要望に沿ったため授業時間や内容に変更が生じた

　地域の小学校・福祉団体等複数と協働で地域防災活動を実施するための日程調整が難しく，学校の授業や行事計画を変更して対応することになりました。小学校や参加団体からは大好評でしたが，時間割変更や授業内容の変更等あおりを受けた先生方には不評で，その行事は１回きりになりました。

8 　　**不登校生徒とつくる学びの時間**

> **不登校は「どう生きるか」の課題と向き合う心のＳＯＳサイン**
>
> 　「学校にいない」という事実は１つでも，背景・要因は千差万別です。個の課題，集団（家庭・学校・地域・社会）との関係の中で生じている課題は多様ですから，支援の方法も一律ではありません。不登校を心のＳＯＳと受けとめて，生徒自らが解決像を模索できるよう，歩む道程に寄り添いましょう。

Mission 担任ミッション

Mission1 生徒に起きている「危機」を的確にアセスメントする

　岐路で立ち往生する生徒の心の声を聴きましょう。大人の「登校して欲しい（すべき）」という願い・思いは，生徒を追い込む圧となります。言葉にならない思い・見えない背景に心を寄せ理解に努めること自体が支援です。

Mission2 生徒全員が「存在が認められている」と実感できるようにする

　欠席者の机や椅子をどける・物置にする，班分けの名簿から予め外す等は禁物です。「来ない」と決めて（変化の可能性を信じず）存在をなおざりにするような行為は，他の生徒にも不安や不信をもたらします。居なくても「大切」に思う心が，安心と温かい人間関係で満たされる風土を醸成します。

Mission3 不登校生徒に最も身近な保護者へのサポートを忘れないこと

　保護者の安定と温かいまなざしが生徒を支える大きな力となります。不安や焦り，時には怒りで揺れる保護者の心情やニーズを受けとめて，学年団やスクールカウンセラー等が連携・協働して支援することを伝えましょう。

Point 生徒の願いや安心のために，支えるべきは何かを意識しましょう

ベテランの先生からのヒトコト

　一生懸命に不登校生徒の支援に関わるうちに，「生徒の成長を支えるため」のつもりが，いつの間にか「自分の関わりが『間違っていない』と安心するため」になっていることがあります。生徒に主体的な変化を期待しながら，「先生なら生徒を変化させなければ」だなんて矛盾もいいところ……ですね。

 生徒からの意見

生徒Ａさんから▶▶ 　○○先生の指導が厳しくて，怖くて教室に入れません。これ以上欠席すると卒業できないので，何とかして貰えませんか。

意見への対応　▶▶ 　人は他者の話を聞くとき，自分の心の声（感じ・考え）も聴いています。それに気付いてなぜそう感じるかを吟味した上で，一旦横に置いて対応することが大切です。困って解決したいと欲している主体は，先生ではなく生徒ですから。答えを急がず，他者の評価から自由になり，安心して自分と向き合い，考え，行動できる環境（試行錯誤につきものの失敗に寛容な世界）を整え，答えの模索を支えましょう。

やってしまった!! しくじり噺

■しくじり噺１：「親（保護者）なら○○すべき」は百害あって一利なし

　生徒が決めた進路変更先（通信制高校）の親子面接への同伴を「運転ができないので行けません」と拒絶した母親。我が子の不登校で自分の子育てを責め傷ついた気持ちに共感せず「子どもが大変な時こそ親が支えるべき」と追い込み，関係悪化を招いて生徒を余計不安にしてしまいました。

■しくじり噺２：校則違反や非行が影を潜め一安心と思いきや不登校に……

　前兆行動（頭髪・服装違反，遅刻，怠学等）があったのに，気になる行動を注意・指導などの力で抑えて解決したと思っていました。小さなＳＯＳで期待外れのとき，より大きなＳＯＳサインで未解決な課題を教えてくれます。

9 障害のある生徒とつくるやさしさの時間

> **誰もが大切にされる「インクルージョン」の世界をめざす出発の場に**
>
> 「障害」「健常」という言い方を耳にしますが，両者には連続性があり明確な境界はありません。障害と健常を区別することを前提にした関わりの中では，同じ人間として同じ世界に共に生きて支え合うことの実感は困難です。障害の有無によらず，一人ひとりが異なるニーズや願いを抱え生きていることを誰もが認め，互いを大切にし合う関係を紡ぎましょう。

Mission 担任ミッション

Mission1 チームの一員として役割を担う

　障害の有無に関わらず，クラスの目標達成のため，生徒困り感・ニーズに応えるためのアセスメント・計画・チーム支援が必要です。主観・感情による一方的な動きではなく，チーム「クラス」の一員として役割を担いましょう。

Mission2 自ら育もうとする「生徒のエネルギー」を信じて大切にする

　誰にでも，できること・したい（できるようになりたい）ことがあります。「よかれと……する」や「……してあげる」が先行する上から目線は「やさしさ」「親切」とは違います。生徒の可能性や主体性，自尊心を尊重しましょう。

Mission3 保護者の心情・意向・願いを受けとめ尊重して協働すること

　生徒を最も身近で長く支える保護者の心の安定は，生徒の安心に直結します。保護者を1人の人として尊重して意思疎通に務めましょう。協働して生徒を支えるメンバー相互の理解と信頼が生徒の安心につながることを忘れずに。

Point 個別支援とともに「個の育ちを支える集団」の成長を支えましょう

「障害」と「障害者（児）」は，１字違いで大違い。障害者（児）とは，障害があるために継続的に日常生活や社会生活が制限される人をいいます。障害自体は取り除けるものではありませんが，同じ障害の状態でも，周囲の人の意識や行動によって制限の内容・度合が違うはず。障害による「困り感」への無関心・無理解が，障害者（児）にしているのかもしれません。

 生徒からの意見

生徒Ａさんから ➡ 　先生の指導は不公平ですね。なぜＢさんには注意しないのですか？甘いですよ。

意見への対応 ➡ 　「障害」に対する表面的な配慮は，障害のある生徒を傷つけ，他の生徒の「困り感」に寄り添う力の育ちを阻害します。まずは，自身の指導や配慮を謙虚に見直すこと。すべての生徒のニーズに応じた個別最適な関わりに努める公平な姿を示し，意図を伝えることが大切です。

やってしまった !! しくじり噺

■しくじり噺１：他人事の目線で労をねぎらい，保護者を不快にさせた

　車椅子生活の生徒の介助で終日付き添う保護者に「毎日ご苦労様です」と声をかけると，怪訝な表情を浮かべて無言で立ち去られました。当事者の当たり前を苦労と見る「傍観者」の自分に出会ったショックは今も鮮明です。

■しくじり噺２：暴力行為の特別指導で厳しく叱ったら特性が背景にあった

　業間に廊下で殴り合いの喧嘩をしたので暴力行為として指導しました。Ｂが，Ａの独特なリアクションを面白がってボクシングの真似をしてからかっていると，突然Ａが力いっぱいＢを殴ったのです。「発達障害」が耳慣れない頃とはいえ，タブーの叱責・懲罰による不適切指導をして更に追い込んでしまいました。

10 ## 海外から帰国した生徒や外国人の生徒とつくる
新しい価値の時間

教室の多国籍化，多様化を活かす

　高校の教室の多国籍化，多様化が進んでいます。海外の様々な地域から帰国した生徒や外国にルーツを持つ生徒も定時制高校を中心に増加しています。これら日本文化と異なる文化を背負った生徒は，同質性の高い日本文化の中で困難を抱えがちです。彼らにとって教室が過ごしやすい空間となった時，そこに自然と新しい価値が生まれます。

Mission　担任ミッション

Mission1 ｜ 海外から帰国した生徒をステレオタイプでみない

　親の海外赴任などのため海外で過ごして帰国した生徒。現地で通った学校は日本人学校，現地校，インターナショナルスクールと様々です。十分な教育施設のない国，地域への赴任も多く，滞在年数，その時の年齢などで帰国した生徒が抱える問題も様々です。まずはその不安を受け止めましょう。

Mission2 ｜ 海外から帰国した生徒のつまずく要因を知る

　日本の学校生活に馴染めずにつまずく生徒が多くいます。友だちとの距離のとり方に戸惑ったり，話題についていけず孤独感を覚えたり，そのような積み重ねが不登校につながります。つまずく要因を予め把握しましょう。

Mission3 ｜ 外国にルーツを持つ生徒の抱える固有の問題把握につとめる

　外国にルーツを持つ生徒。彼らは格好の「別の見方」を提供する存在として教室の多様化に向けて有効活用したくなりますが，まずは生徒が安心して安全に高校生活を送れるように生徒が抱える問題の把握に努めましょう。

Point 　生徒が個別の事情を抱えていることを理解しましょう

ベテランの先生からのヒトコト

　特に外国にルーツを持つ生徒の受け入れは簡単ではありません。学校全体で受け入れ体制をつくる必要があります。高校に入学してくる生徒ならある程度の日常会話はできるでしょうが，保護者はそうではありません。学校での諸費用，日本独自の慣行などの説明が必要になります。そういったことまで担任が担当すると大変です。校内で専門の担当者を設けるなど，担任は学校と当該生徒の橋渡し的な存在に徹するなど役割分担が必要です。

 生徒からの意見

生徒Ａさんから ▸▸ 「帰国子女は優秀」の固定観念やプレッシャーが重荷。「私ってこんなに勉強ができないのか」と自信喪失の毎日です。

意見への対応 ▸▸ 確かに「帰国子女は語学が堪能」とか「海外生活をした上で楽に大学に合格できていいね」といった羨望の眼差しにさらされがちですね。日本では自分で発表する主体性よりきちんと記憶しているかが評価されます。評価基準が違うだけです。自信を失う必要などないですよ。

やってしまった‼しくじり噺

■しくじり噺１：ステレオタイプを再生産してしまった

　子どもを「しっかり先生のいうことを聞くのよ」と送り出す日本の親と「しっかりと質問してくるのよ」と送り出す海外の親，といったステレオタイプ。教室に様々な生徒がいるのは，知らない他者をめぐって形成されるこうしたステレオタイプを壊す格好の機会なのにそういう目でみてしまいました。

■しくじり噺２：外国にルーツを持つ生徒にその国を代表させてしまった

　つい「あなたの国ではどう考えるの」と，生徒があたかもその国の代表のように扱ってしまいました。私の意見が「日本の意見」でないように，誰も母国を代表していません。「あなたはどう考えるの」と聞くべきでした。

期待に添うしんどさ

→ p.26-27参照

失言を謝る勇気

→ p.36-37参照

Chapter 3

季節と歩む
高校教師のホームルーム
経営術

1 年間スケジュールの把握

日々のクラスの生徒との生活を大切に，１年の見通しを立てる

　生徒のために全力を注ぐ姿勢を持つことは教師にとって大切なことです。ところが教師として勤務している時間内であっても，担任，教科指導，校内の分掌，部活動顧問等といった様々な立場があり，時間をうまく配分して全体として全力を注ぐ必要があります。目の前の生徒を大切にする気持ちは常に持ちつつ，年間における担任としての業務の見通しを立てておきましょう。また，生徒が行事に目を奪われがちだからこそ，行事のない時期に生徒をどう生活させるかを，担任として考えておく必要があります。

Mission 担任ミッション

Mission1 行事に対する担任の思いや関わり方を示す

　行事に担任がどう関わってくれるか，この担任はクラス対抗行事でどこまで勝負にこだわるのか，といったようなことを生徒は敏感に感じ取ります。あくまでも主役は生徒ですから，担任の気持ちを押しつける必要はありませんが，クラスを構成する一員として担任の気持ちを早めに示しておいたほうが，生徒たちが行事に取り組みやすくなるのではないでしょうか。

Mission2 各場面のフォロワーとなる生徒を増やす

　２・３年生であれば，各場面のリーダーとなれる生徒を想定することはできるでしょう。生徒がリーダーを務めることも，また身近な生徒がリーダーを務める姿を見ることも，生徒の貴重な経験となります。できるだけ多くの生徒を巻き込めるようにして，クラス活動を行いましょう。

Point すべての生徒が年間でのどこかの場面で活躍できるよう意識します

ベテランの先生からのヒトコト

　集団の中で，どの生徒もどこかの場面で輝けるよう計画することが理想です。また，どんなに小さくても正しい成功体験をさせることで，生徒は成長します。最初のうち（特に１年生のとき）は担任が多く関わって，次第に陰で支えるようになることで，生徒に道筋を示すことも必要なのですが，生徒が慣れてくる（学年が進行する）に従って，多くの役割を生徒に担わせることができるよう計画していきましょう。生徒の「よくわからないまま頑張って，物事を達成した」という経験を，「こんな取組を友人と分担して行ったから，最終的に○○を達成できた」経験に変えていくことが必要です。

 生徒からの意見

生徒Ａさんから ▸▸　せっかくの高校生活，行事にも関わってみたいけれど，恥ずかしくて言い出せません。

意見への対応 ▸▸　……なんてことを，実際に担任にでも伝えてもらえば嬉しいのですが，そんな生徒はなかなかいないでしょう。ただ，誘ってくれたら参加するというタイプの生徒が，クラスに何人かいても不思議ではありません。行事等に参加する生徒の様子はよく観察しておき，生徒の新たな一面を引き出せるよう，個別に声掛けをしてみましょう。

やってしまった‼ しくじり噺

■しくじり噺：担任だって放心状態

　９月の学校祭が終わった後，10月のテストに向けてテコ入れが必要と，夏休み終わりに考えていました。ところが，学校祭で生徒と一緒に頑張りすぎた結果，私の緊張の糸がプツリ。切り替えが大事という私の言葉は，何人の生徒の心に届いたでしょうか。生徒とともに熱くなる一面とともに，冷静に物事に向き合う気持ちも持ち合わせる必要を痛感した経験です。

2　１日の基本的なスケジュールの把握

学校生活は１日１日の積み重ね

　１日のスケジュールを把握することは，先を見通すことや働き方改革にもつながります。行事があるときはもちろんのこと，その日の授業の内容や放課後の時間の使い方など，その日の活動について計画を立てておきましょう。そうすれば，日々の忙しい中にも，ちょっとしたスキマ時間を利用し，生徒とのコミュニケーションをとる時間を得ることもできます。

Mission　担任ミッション

Mission1　１週間単位で行事や授業を眺めてみる

　１日のスケジュールを把握する前に，１週間単位で行事や授業の内容を確認しておきましょう。そうすれば，次の日のためにどのように取り組めばよいのか，より明確になります。また，行事によっては前日に準備するだけでは間に合わない場合もあります。少し長い目でスケジュールを確認しましょう。

Mission2　授業内容は授業時間ごとに確認する

　１日の中心は授業です。授業の内容は，学習内容，必要な準備物，何時間目にどのクラスを行うのか，どこまで進む予定なのかなど細かいところまで確認しておきましょう。また，授業が終わる度に，進んだ内容や次回に向けて簡単なメモを残しておくこともよい方法です。退勤する前に次の日の授業内容などを把握しておくと，次の日がスムーズに始めることができますよ。もちろん，時間割変更も忘れずに確認しましょう。

Point　１日のスケジュールの把握から働き方改革は始まります

ベテランの先生からのヒトコト

　授業の空き時間や放課後はまとまって時間が取れる機会です。行き当たりばったりで取り組むことを決めるのではなく，事前に決めておきましょう。そうすることで1日のスケジュールを自分なりに進めることができるようになります。また，少し余裕を持ったスケジュールにしておくと生徒の対応が急に必要になったときでも落ち着いて対応できます。

 生徒からの意見

生徒Aさんから ➠ 　急で申し訳ありませんが，今日の放課後に面談をお願いしたいのですが。

意見への対応 ➠ 　生徒が急に面談を申し出てくることは意外とあります。その際に，スケジュールを把握しておくことで，生徒にも安心感を与えることができます。例えば，放課後に会議等があるなら，別の日にすることや昼休みの短時間で話を聞いてみるという提案をすることができます。

やってしまった‼しくじり噺

■しくじり噺1：時間割変更を忘れていた

　1日のスケジュールの把握に慣れてきたときに，時間割変更を確認することを怠り，授業をすっぽかしてしまいました。学年主任や教務部の先生から，「あなたには1回の授業でも，生徒には一度しかない授業です」と厳しく指導いただきました。

■しくじり噺2：授業の準備が間に合わなかった

　授業の直前の空き時間に準備すればよいと思っていたところ，その時間に急に生徒への対応をすることになり，準備が曖昧なまま授業に臨むことになってしまいました。もう少し1日のスケジュールの把握を長い目で見ることも含めて行い，早め早めの準備をしておけばよかったと思いました。

3 入学式当日までの心構えと準備

最も不安で楽しみなとき。生徒の顔がまだ見えない

　正直なところ，入学式を控える1年担任としての春休みは，教師にとって特殊に忙しい時期です。基本的にまだ見ぬ生徒たちに対して，最低限の必要な準備を行い，さらに担任としてどう関わっていけるかを勝手に期待（失礼！）して，あんなことをしたい，こんなこともしたいと出会いの準備を進めます。もしかすると，自分は担任としてどのような役割を演じるかを考え，自身のキャラクターづくりを図る方もいるかもしれません。

Mission 担任ミッション

Mission1 生徒の学んできた環境を知る

　中学校からの申し伝えがある生徒もない生徒も，まずは出身となる小中学校（規模等）や地域（新興住宅地なのか，昔ながらの祭が盛んな地域なのか等）について，わかる範囲で調べておきましょう。また通学方法やその時間にも目を向けておきましょう。

Mission2 生徒や保護者が学校に求める（そうな）ものの把握

　まだ，生徒の情報は（入試データを除くと）基本的に学校として持っていませんから，生徒や保護者の学校に対する願いはこの段階ではわかりません。また，予め予測したことや，固定観念だけでは，指導上の弊害となる恐れがあります。勤務校の状況をできるだけ多く知っておき，生徒のどのような願いに対して，どのような形で叶えられる環境があるのかを多く把握しておいた方が，生徒にいろいろな選択肢を示すことができます。

Point 担任は生徒・保護者にとって学校の最も大切な窓口です

ベテランの先生からのヒトコト

　担任にもいろいろなタイプの方がいます。学校や学年団としての指導方針は一貫していることが必要ですが，その具体的方策にいくらかの違いがあることはおかしなことではありません。また，様々な個性を持つ者が集まり，必要に応じて部分的に補完し合いながら，それぞれの特長を生かすことは，集団ならではの強みとなります。初任の方は，経験が不足している担任だからこそ，まずは自分の強みをアピールしてください。経験が幾ばくかある私たちがその様子を見て，集団として必要な違った役回りを務めます。

 生徒からの意見

生徒Ａさんから ▶▶ 　実は第１希望の高校が不合格になり，この学校に通うこととになりました。正直なところ，学校のことは何もわかっていません。

意見への対応 ▶▶ 　不合格通知を受け取ってから数か月，まだ苦しんでいる状態であることを，まずは受け止めましょう。その後，高校合格の先にあったはずの，生徒の目標を聞き，共に見つめることができるでしょうか。

　人間万事塞翁が馬の言葉は，まだその生徒の心に響かないでしょうが，今の環境を自分の未来にどう活かすかという視点を持つことが，今できることだということを，時間をかけて粘り強く説明しましょう。

やってしまった‼ しくじり噺

■しくじり噺：実は担任は人見知り

　教壇に立つ前にちょっと服装を正したりして，自分が教師であることを身構える。そのように実は自分は人見知りで……という先生は，私の経験上，小・中・高となるにつれ割合が増える気がします。「最初はどんなに怖い担任かと思った」との生徒からの評価を受ける私のような先生は，あなたの周りにもいませんか？

4 始業式当日までの心構えと準備

生徒一人ひとりの新学期のスタートを迎えるための準備

　始業式当日は，新しい学期のスタートとなる大切な日です。スムーズに進めるためには，どれだけ準備ができるか，ということが重要な鍵となります。こちらが伝えたいこともあるでしょうし，長期休業中に変化があった生徒の把握が必要となるかも知れません。いずれにしても生徒がよいスタートを切るために，どのような始業式を迎えればよいか，よいイメージを持って臨みましょう。

Mission 担任ミッション

Mission1 前の担任から生徒の情報を引き継ぐ

　前の担任の先生と生徒の情報について引き継ぎをしっかり行いましょう。そして，あなた自身がクラスの生徒に対して，どのような認識を持っているのかをノート等に記録しておくとよいでしょう。生徒に対して，褒めたり，注意したりする場合，どのような声掛けをすればよいか，どのような対応をすればよいか理解することが大切です。

Mission2 クラスへの声掛けを考えておく

　4月はクラス経営の方針やあなたの考えを，9月は学年としての半年を振り返ると共に新たな半年に向けて，1月は学年の総仕上げを意識して，など生徒へどのような声掛けを行うのか，しっかりと考えておきましょう。長期休業中にはいろいろな変化を見せる生徒がいます。まずは，怪我や病気等で大変な思いをしている生徒がいないか，確認できるようにしておきましょう。

Point 生徒一人ひとりの情報をもって対応できるようにしましょう

ベテランの先生からのヒトコト

　始業式当日は行事やプリントの配布，提出物の回収などやるべきことが多く，「何か言い忘れていないか」など不安になることもあるでしょう。私たちは，クラス用のノートに時程，配布すべきプリント，回収すべき提出物，連絡事項などを記録し，終わる度にチェックを入れます。特に，4月は時間割通りの生活が始まるまで，1週間ほどかかります。学年団の先生と一緒にすべきことを確認しながら進めましょう。

 生徒からの意見

生徒Aさんから ➠　仲のよかった〇〇さんと違うクラスになってしまった。新しいクラスでやっていけるか不安です。

意見への対応 ➠　仲のよかった生徒と違うクラスになると不安になるのは当然です。一方で新しいクラスには新しい出会いもあります。生徒たちが互いのよさを認め合い，安心して学校生活を送ることができるように，また，生徒自身が解決できるように個別に声掛けをしましょう。

やってしまった!! しくじり噺

■しくじり噺1：大切な連絡を言い忘れてしまった

　若いころは，当日の動きを頭の中で把握しておけばよいと思っており，ノートやメモ等を一切しませんでした。その結果，大切な連絡事項を言い忘れてしまいました。後から電話で連絡し，友だちへ伝えてもらうなど，大変迷惑をかけました。

■しくじり噺2：保護者に不信感を持たれてしまった

　前の担任からの引き継ぎをできておらず，生徒への対応が遅れてしまうことがありました。その結果，保護者から不信感を持たれてしまい，払拭するのに大変な苦労をしました。

5 校内教師との協力体制づくり

これからはチーム教育の時代

　生徒にとって，様々な特徴を持つ大人が身近にいることは，とても大切です。厳しい先生，優しい表情の先生，個性的な思考の先生，このような先生のそれぞれの力を，一人ひとりの生徒の幸せな未来のためにどのように組み合わせて活用するかのコーディネートも担任の先生のお仕事です。

Mission　担任ミッション

Mission1　主任，学年団，教科担当者の先生方とよく話をする

　先生方とよくコミュニケーションをとったほうがよいです。自分のホームルームの生徒に対して，どのような認識でいるのかをノートに記録しておくと，もし，その生徒をめぐって，褒めるべき案件，注意すべき案件が出た時，どの先生にどのような声を掛けていただくのがよいかわかります。

Mission2　主任，学年団，教科担当者の役割と共有情報を整理する

　最近だと，学校行事や，問題行動案件ごとにLINE等のアプリをつかった情報の共有がしやすくなりました。それぞれの案件ごとにチームリーダーとLINEグループやメーリングリストを作成しておくとよいかもしれません。

Mission3　生徒や保護者にチーム教育であることをよく理解してもらう

　生徒や保護者に対して，あなたの高校での学修活動や学校生活は主として学年団や部活動顧問によるチーム教育で行うことを説明します。その説明をとおして，先生による生徒の囲い込みや，不適切な指導を相互監視し，学年団の誰とでも相談できる雰囲気を伝えることで安心感をつくることができます。

Point　担任1人で生徒の生き方を抱え込まないことが大切です

ベテランの先生からのヒトコト

　学校の先生方は，学校では一先生ですが，一旦学校を離れてしまうと，保育園児の母であったり，ご両親の介護をしておられる息子であったり，事故に巻き込まれて調停中であったりと，話を聞かないと想像もつかない状況の方が集まって学年団を形成しています。もちろん，先生方のそれぞれの異なる立場を生かすことも大切ですが，それぞれの家庭での役割も配慮して，先生チームを考えることも大切です。

 生徒からの意見

生徒Ａさんから▸▸　○○先生と□□先生の言うことが違っていたり，仲が悪いように見えたりするのを何とかしてほしいです。

意見への対応　▸▸　様々な意見や，場合によっては生徒にとって不条理な状況も人間関係の中では発生します。その出来事が生徒の学びになるのか，それとも先生同士で解決しなければならないことなのかを分けて考えるとよいかもしれません。

やってしまった!! しくじり噺

■しくじり噺１：情報共有している生徒の情報を書いたノートを放置

　個人情報のミスは御法度ですが，他の先生との情報共有では，メモは必須です。そのメモを書いたノートを職員室の机の上に出しっぱなしで帰宅してしまい，教頭先生に厳しくご指導をいただいてしまいました。

■しくじり噺２：先生方の私生活への配慮ができていなかった

　若いころ，１週間先に提出する成績を意気揚々と次の日に「でーきた!!」と言いながら主任に提出しました。主任に褒めてもらえるのかと思っていたら，自分のしたい仕事をできる立場の人と，したくてもできない立場の人がいるから，言葉の配慮をしなさいと教えていただきました。

6 保護者との連携づくり，対応が困難な 保護者への対応

保護者対応は人間関係づくり

クラス経営において，生徒の成長を支えていくためには，保護者からの信頼を得ること，保護者との連携が重要なのは言うまでもありません。しかしながら，多くの先生を悩ませているものの１つでもあります。生徒一人ひとりがそれぞれ個性を持っているのと同じように，保護者もそれぞれ個性をお持ちです。保護者が見つめておられる未来に寄り添い，学年団と共に生徒を育む姿勢が大切です。

Mission 担任ミッション

Mission1 保護者対応をパターン化しない（保護者の様々な背景を考える）

ある保護者へある対応をしてうまくいったからといって，同じ対応を別の保護者にしてもうまくいかないということもあり得ます。保護者も人間です。機械的な対応をされるよりは，より人間的な対応をされるほうがうれしいでしょう。「個別最適化」という言葉がありますが，それは対生徒だけではなく，対保護者にも求められています。

Mission2 保護者対応はチームで対応すべし

その生徒の一番近くにいて，長い時間を過ごしているのは保護者です。担任といえども，保護者以上に生徒のことを理解することはできません。保護者の強い思いが，担任を敵対視する場合すらあります。そのような時は担任がすべてを抱え込む必要はありません。学年団の力を借りて，チームで対応することで関係が改善することもあります。

Point 保護者もみんな悩みもあるし，困っていることを忘れないで

ベテランの先生からのヒトコト

　家庭は子どもたちの健やかな育ちの基盤です。家庭教育がすべての教育の出発点だとも言えます。しかしながら，近年は家庭状況の多様化が進み，本来の機能や条件が整っていない生徒も少なくありません。例えば，生徒がヤングケアラーといった場合もあります。ヤングケアラーとは，一般に，本来大人が担うと想定されている家事や家族の世話などを，日常的に行っているような子どものことですが，その場合は担任や学校だけで対応するのではなく，スクールソーシャルワーカー（ＳＳＷ）や福祉機関につないでみましょう。

 生徒からの意見

生徒Aさんから ➡ 　昨日，お父さんに先生から電話あるよって言ったら，すごく怒ってしまったのだけれど，どうしよう。

意見への対応 ➡ 　保護者対応で，生徒を追い詰めてしまうことがあります。担任が想像している以上に苦痛を強いており，第三者によるケアが必要な場合もあります。１人だけで対応しないでください。

やってしまった‼しくじり噺

■しくじり噺１：口約束だけですすめていて意思疎通ができなくなった

　口頭で伝えてもなかなかうまく伝わらない保護者に対応する場合は，できる限り文面を準備して丁寧に説明する必要がある場合がありました。保護者への説明だけでなく，教員仲間と状況の共有もしやすくなったと思います。

■しくじり噺２：カッとなって家庭の在り方を批判してしまった

　家庭の在り方を批判したり，指導したりするのはご法度です。多様性を認め，その家庭の子育てが気になる場合も，そうならざるを得ない事情があるという視点を持ち，生徒に関してどのような問題があるかを考えながら，家庭と連携することが重要だと気付かされました。

全ての生徒が自分の場所と思える教室環境づくり

環境は生徒とつくるもの

生徒にとって教室は，1日の大半を過ごす大切な場所なので，ちょっとした環境の違いでも，彼らの生活習慣に影響を与える可能性があるのです。こう聞くと，「よっしゃ，生徒のために完璧な環境をつくってやる！」と燃える先生もいらっしゃるかもしれません。しかし，教室環境づくりで一番大切なことは，全員の生徒が教室を「自分の場所だ」と心から思えることです。そう考えれば，担任がやるべきことは自然と決まってくるはずです。

Mission　担任ミッション

Mission1 ｜ 清潔感のある教室で出迎える

まずは清潔感のある教室をつくることが大切です。新学期，「はじめまして！」の瞬間に，自分の机だけ落書きがあるとか，ロッカーがホコリまみれとか……，当たり前ですけど，そんな教室は誰だって嫌ですよね。「普通に綺麗な教室」を目指すことが教室環境づくりの第一歩です。

Mission2 ｜ 生徒が工夫できる余白をたくさん残しておく

教室が自分の場所だと思えるようになってくると，「もっとこうしたい」という願いが生徒から自然と出てくるはずです。しかし，その願いを実現するためには，生徒自身が考えるべき内容は多くあると思います。他のクラスメイトにとってもよいことはあるか。1年後もこの教室の状況で不都合はないか。他のクラスとの軋轢は生じないか。そんなことを生徒が自分で考えることが，社会性を身に付けるための大切な学びのチャンスだと思います。

Point 見守ってくれていると分かれば，生徒は考え，動き始めます

ベテランの先生からのヒトコト

　伝統校と呼ばれる「古い校舎」では，時代に合わない設備や，破損に気付かれていない道具も違和感なく存在していたりします。担任自身も，生徒の感じ方と異なりますので，生徒が「使えない」と思っているものでも，「当たり前」として見過ごしているものもあると思います。まず，入学した生徒に，教室や学校の施設の「違和感」を教えてもらいましょう。それが，学校の「問題点」です。そして，違和感をなくすための様々な方法を，生徒でできること，学校で考えることなど，「課題」として整理し，年度当初のＬＨＲで提案会を行っても面白いと思います。

 生徒からの意見

生徒Ａさんから ▶▶ 　窓ガラスに隙間があり，風が入ってくると言っているのに，先生が対応してくれません。この席では勉強に集中できません！

意見への対応 ▶▶ 　少なくともＡさんにとっては教室環境に不満があるのですから，その不満をきっかけにして，信頼関係を築いていけばよいと思います。勉強に集中できない理由をしっかり聞いていけば，実は教室環境よりももっと根本的な問題が浮かび上がってくるかもしれません。

やってしまった!! しくじり噺

■しくじり噺１：教室は先生の得意を披露する場ではない

　担任である私が，絵が得意なことをよいことに，自分のクラスだけとっても華やかな演出をしてしまい，生徒たちが教室でしたいことを言えないようにするだけでなく，学年団から顰蹙（ひんしゅく）を買ってしまいました。

■しくじり噺２：一部の声の大きい生徒の意見が「多数」のように思える

　教室環境での意見を募るたび，いつも同じ生徒が発言していました。しかし，その生徒の声が大きく，他の生徒が何も言えなかったことがわかりました。

8 生徒主導にする清掃の考え方

クラスのみんなにとって心地よい教室にする

　教室は，生徒にとって，すでに用意された空間です。学校生活の大半を過ごす教室を，生徒主導でどんな空間にしたいのかと考えるようにすることは，担任の重要な仕事です。清掃をペナルティにすることもありますが，生徒たちの心地よい学校生活をつくる大切な要素として，さらに言えば，クラスメイトのことを知るきっかけとして清掃を考えることも大切です。

Mission　担任ミッション

Mission1 ｜ 清掃する意味を生徒がつくる

　清掃時間や方法の枠組みを変えることは無理ですが，なぜ清掃をするのか，清掃をしたくない人がいたらどう関わるのか等，生徒たちと話し合い，その答えを考えます。そうすると清掃時間にも生徒による自治が生まれます。

Mission2 ｜ 一人ひとりの役割を大切にする

　清掃活動に取り組めない生徒Aがいると，クラスメイトが生徒Aの分まで頑張ってくれます。大変心温まりますが，生徒Aがいなくても清掃は成り立ってしまうのを防ぐためにも，「生徒Aの代わりに掃除する」以外のアプローチを考えておく必要があります。

Mission3 ｜ 清掃後に生徒に感謝する

　清掃の時，どの生徒もクラスの誰かのため，何かのために行動をしています。その生徒の思いに，担任として感謝する姿勢を示し続けると，生徒の清掃に対する価値観も，変わってくるのではないでしょうか。

Point 　清掃の意味を生徒たちでつくりましょう

ベテランの先生からのヒトコト

　清掃の考え方は，各家庭での生徒一人ひとりの生き方に関係しているはずです。世間的には正しいことだからと，掃除の必要性を押し付けても，受け入れられない人もいます。そのため，学級という小さな社会生活では，クラスメイト同士でこれまでの経験で構築してきた価値観をすり合わせる必要があります。だからこそ，担任の先生は生徒一人ひとりが納得するように話し合い，各学級での「清掃」の在り方を考えられるように働きかけることが大切です。

 生徒からの意見

生徒Aさんから➡︎　いつも同じ人ばかりが掃除している気がします。なんで先生は掃除をサボる人に無理やりにでも掃除させないのですか。

意見への対応　➡︎　掃除を一生懸命することは，精神的に安定していないとできないことかもしれません。この生徒は，自分なりの「あるべき答え」を持っています。まずは，同じようにサボることをしなかった生徒を労い，どうすべきかの考えを聞いてみてください。

やってしまった!! しくじり噺

■しくじり噺1：掃除させることを考えすぎて険悪な雰囲気に

　清掃をしない生徒がいると，烈火のごとく叱った経験があります。そのため，清掃時間はいつも険悪な雰囲気になり，一生懸命している生徒まで暗い気持ちになりました。生徒に，担任が思う清掃の意味を押し付けることには限界があると感じました。

■しくじり噺2：きれいにすることを目指しすぎて息苦しい空間に

　色々な感覚を持った生徒がいます。完璧に美しい教室が生徒全員にとって居心地がよいとは限りません。あまりにもひどくなければ，生徒たちが自分たちで清掃のゴールを決める必要があると学びました。

⑨ スマホルールとＳＮＳ指導

「デジタルネイティブ」の生徒への指導をするために

　「デジタルネイティブ」とは，子どものころからパソコンなどのデジタル機器やインターネットがある環境の中で育ってきた世代のことを指します。小中学校の授業等で１人１台端末が活用されており，抵抗なく様々なデジタル機器に触れることができるでしょう。そのため，使用を禁止することは現実的ではないかもしれません。トラブルの未然防止を含めて，様々な形で指導をすることは必須になります。

Mission 担任ミッション

Mission1 スマホルールを生徒自身が決める

　生徒の帰宅後のスマートフォンやインターネットの利用状況については，十分に把握することまでは難しいですので，インターネットの利便性や影響について生徒自身が主体的に議論しながらルールを定める機会を持つことが求められます。生徒が，学級・ホームルームや生徒会等で議論しながら主体的にルールを定め，守ることの重要性を自覚するきっかけにもなります。

Mission2 ＳＮＳの危険性を理解させながら有効活用する方法を考える

　ＳＮＳを含むインターネットの投稿は，一度発信されると瞬時に広がり，削除することができないことから「デジタルタトゥー」と言われます。性犯罪やストーカー被害に発展するケースもありますし，一度炎上すると，生徒の将来に深刻な影響を及ぼす可能性もあるといったＳＮＳの危険性を伝えることは担任として重要なことです。

Point 「使わせない」のではなく，「どう適切に使うか」を考えましょう

ベテランの先生からのヒトコト

　ＳＮＳのデメリットの一方で，文部科学省における「児童生徒の自殺予防に関する調査研究協力者会議」の審議のまとめでも指摘されているように，ＳＮＳを日常のコミュニケーションツールとしている生徒が多くなっていることから，いじめや自殺等の生徒の危機や，友人関係のトラブル等，困っていることを先生に発信するためのツールとして，ＳＮＳを活用することは大変有効な方法だと思います。

 生徒からの意見

生徒Ａさんから ▸▸　ＳＮＳでの返信だけで，時間がとられて，勉強どころじゃなかった。テスト勉強できないよ。

意見への対応 ▸▸　ＳＮＳでのやり取り等が長時間に及んで，生活に支障が出るような生徒についても注意が必要です。さらに，返信の遅さから誹謗中傷・脅迫行為・いじめに発展するケースも少なくありません。ＳＮＳ依存によるトラブルに備えて，生徒の様子をよく見ておいてください。

やってしまった‼しくじり噺

■しくじり噺１：校外活動の引率ではぐれた時のために携帯番号を教えた

　生徒と個人的にアドレス等を交換することは，学校で禁止されていたのですが，生徒のためと思って教えてしまいました。そのあと，頻繁に夜中に電話がかかってくるようになり，結局，電話番号を変えました。

■しくじり噺２：スマホを持っていることを前提に話を進めてしまった

　生徒の中には，さまざまな事情でスマホを持っていない生徒もいます。ついつい，「スマホで調べてごらん」と，全員が持っているように思いこんで話をしてしまいます。家庭の事情や，これまでのスマホによる苦しい人間関係を考慮した言動を……とわかってはいるのですが。

10　入学式・始業式当日のタイムテーブル

> **しっかりとした準備と笑顔でつくる第一印象**
>
> 　4月，新学期最初の日は教師にとって1年で一番気ぜわしい1日といっても過言ではありません。特に，新入生を迎える入学式は練習もなく，いきなり本番を迎えます。始業式，入学式を円滑に進めていくため，事前の準備には細心の注意を払いましょう。また担任団は新しく出会う生徒たちの緊張をほぐすため，笑顔と明るい声で，生徒たちに接するよう心掛けましょう。

Mission　担任ミッション

Mission1　新クラス始動の準備は前日までに

　学年団が発足し，新学期に向けての準備が始まります。教室の机や椅子の数を揃えたり，下足箱に番号をふったり，学年で動くことに加え，担任は教室の掲示物（校時表，時間割表，掃除当番表等）を準備したり，座席表をつくったりしておきます。何を準備すればよいかを何人かの先輩教師に聞くのもよいでしょう。また，新入生を迎える1年生の担任は入学式で1人ずつ呼名をする学校も多いので，クラスの生徒の名前の呼び方を練習しておきましょう。

Mission2　クラス経営の柱をしっかり考えておく

　始業式・入学式後のHRでは様々な書類の回収，配布を行ったり，明日からの予定を連絡したりします。その後，担任はこのクラスをどんなクラスにしたいか，自らの所信表明をします。生徒にとって担任がどんな人物であるかは一番の関心事，ここはしっかり自分の思いを伝えておきましょう。

Point　気持ちは急いていても言葉や動きはゆっくりと

ベテランの先生からのヒトコト

　ベテラン教師であっても，やはり，入学式は緊張するものです。前日まで
に準備をしていても，朝からそわそわ。何かし忘れていることはないか，ど
んな生徒と出会うのか。決してベテランといえど，余裕があるわけではあり
ません。しかし，実際に生徒を目の前にし，一言二言，言葉を交わすとなぜ
か落ち着いてきます。初日ですから，生徒も教師の話を聞き漏らすまいと真
剣に聞いてくれます。中にはおおきく頷きながら話を聞く生徒もいるでしょ
う。連絡漏れ，書類の回収し忘れがあっても大丈夫，明日があります。卒業
式ではないのですから。

 生徒からの意見

生徒Ａさんから ▸▸　新しいクラスに，去年同じクラスだった人が誰もいなく，
　話せる人がいなくて困っています。

意見への対応 ▸▸　そうなんだと話は聞きますが，「新しい友達を作るチャ
　ンスだ，どんどん自分から話しかけてみては」とは絶対に言いません。

やってしまった‼ しくじり噺

■しくじり噺：連絡の不徹底で大切な入学式がちぐはぐに

　入学式での生徒の動きは学年会議で一度は確認したものの，当日は生徒への
連絡，配布物，回収物が多く，どの担任も入学式前のＨＲでの説明が不十分で
した。そのせいか，本番では，あるクラスは呼名された者が，クラス全員の呼
名が終わるまで起立したままであり，あるクラスは自分が返事をして立つと次
の者が呼ばれるまでにすぐに着席をしてしまうなど，クラスによって行動が異
なり，なんともちぐはぐな呼名になってしまいました。

　それ以来，入学式前の学年会議では，回収物，配布物，連絡事項の確認以上
に，入学式の生徒の動きの確認を徹底することにしています。

出会いの演出と教師，生徒の自己紹介

言葉よりも伝わるもの

　自己紹介は，「自分をどう見てほしいか」がにじみ出る場面です。「よろしくお願いします」の一言でも，言い方や，振る舞いによって，伝わる意味が変わってしまいます。では，私なりの自己紹介の環境づくりをご提案します。

Mission　担任ミッション

Mission1　名札をつくってみる

　自己紹介の方法として，名札をつくる方法があります。どんな色と形，大きさで自分を表現するかで，その人の性格がなんとなくわかります。どんな大きさで，どんな文字を書くか，それだけでもなんとなく人柄が伝わるものですよ。完成した名札は教室の後ろに掲示しましょう。

Mission2　一言も言わずに自己紹介をしてみる

　言葉より態度や仕草にその人らしさがにじみ出ますので，いっそ言葉を使わずにジェスチャーで自己紹介するのはどうでしょう。4人1組ぐらいの小さな班でやってもよいでしょう。大切なことは，相手を見ながらコミュニケーションをすること。自然と笑顔になりますよ。

Mission3　何かクラスみんなで力を合わせるミッションを与える

　ある程度みんなの顔と名前がわかるようになったら，クラスに1人では絶対にできない「ミッション」を与えてみます。例えば，新聞紙タワーをつくるとか，教室を駆け巡るビー玉コースターをつくるとか，そんなことで1時間使っても楽しいのではないでしょうか。

Point　自己紹介で伝わるのは，友だちとの関係についての考え方です

ベテランの先生からのヒトコト

　最初は先生も生徒も緊張します。自己紹介が緊張の追いうちになっていることも少なくありません。そのため自己紹介の場面をよく観察しているのは，担任だけで，他の生徒は自分の自己紹介を考えるので精いっぱいなんてこともあります。アイスブレイクをしながら互いに自己紹介するくらいの気持ちの方が，気楽に新年度がスタートできるかもしれません。

 生徒からの意見

生徒Aさんから ➡ 　私は人と関わりたくないし，自己紹介もしたくありません。どうか放っておいてください。

意見への対応 ➡ 　気持ちはよくわかりますが，人と関わりたくないというあなたの性格をみんなに知ってもらう必要は，やっぱりあると思います。あなたの性格をみんなに知ってもらえると，あなたもみんなも安心できるようになります。無理をせず，ゆっくり自分を伝えていきましょう。

やってしまった!! しくじり噺

■しくじり噺１：その自己紹介は４回目です

　まずは自己紹介。そう思って授業で時間をとったら，「国語も数学も，英語でも自己紹介しました。もう４回目です」と言われました。

■しくじり噺２：盛り上がりすぎて……

　自己紹介は楽しく活動的に！と思って，はしゃぎすぎてクレームが来た経験も。落ち着いた雰囲気のクラスもありますから，情報共有を忘れずに。

■しくじり噺３：「まず，先生から自己紹介します」で気付いたこと

　担任から自己紹介をしたことがあります。そのあと，順番に自己紹介をしてもらいました。生徒全員が，自己紹介の項目や，話す時間までほぼ同じでした。楽しいはずの時間が，先生から強制の時間になってしまいました。

12 クラスのルールとめあての設定

生徒は，誰の願いで学ぶのか

　どんな生徒も日々懸命に学んでいます。と，言っても，授業中に居眠りしたりする生徒が思い浮かぶ先生もおられましょう。ここでの「学び」はもっと広い意味です。もっとかっこよくなりたいとか，クラスの人と仲良くしたいとか，生徒一人ひとりの願いは全て彼らの人間性の成長につながっています。だからこそ彼らの願いが，ルールやめあてに反映できるよう考えてください。

Mission 担任ミッション

Mission1 ルールやめあての大きな方向性を決める

　クラスは，生徒にとっての小さな社会です。社会である以上，ルールがあります。また，学年や学校の指導方針もあります。まずは学年団と話し合い，学年として経営方針を理解し，大きな指導の方向性を決めましょう。

Mission2 生徒の願いを知る

　ＬＨＲや面談などを利用して，生徒の多様な願いを知りましょう。授業でも生徒の願いを知る機会はたくさんあります。共有できそうな願いはクラスで共有しましょう。くれぐれも，先生の願いを生徒に押し付けてはいけません。

Mission3 生徒の声をもとに，ルールやめあてを一緒に考える

　教室や担任に安心感が持てると，意外なほど生徒は色々な意見を教師に申し出ます。せっかく勇気を出して申し出てくれたので，頭ごなしに否定しないでくださいね。先生が想定しているより多様な案が，出てきますよ。もちろん学年団での情報共有をお忘れなく！

Point 生徒の願いを自身で叶えることを支えるのが「学校のめあて」

ベテランの先生からのヒトコト

　生徒を導こうとして，生徒の願いに気付かないまま指導を進めることがあるので気をつけたいものです。生徒一人ひとりの思いは，クラスメイトから応援されたり，諌められたりすることで，自分自身に返ってきます。この時に，もう一度，自分の考えたことや願いが，自分自身や友達にとってどのような意味があるのかを思考することになります。クラスの中で願いを持つことは，自分自身の弱さや価値について，クラスメイトを介して理解するのです。その上で，全員の願いや夢が叶うための目標をたてて，達成するための方法を考えます。それがルールづくりの基本だと思います。

 生徒からの意見

生徒Ａさんから ▸▸ 　ルールが特定の生徒のえこひいきに見えます。

意見への対応 ▸▸ 　生徒一人ひとりに色々な事情がありますが，それらを他の生徒に伝えることはできません。しかし，たいていの場合，えこひいきなどの不満の背景には「私のことは考えてくれていない」という不満が隠れている気がします。対話を重ねて不満の根っこを根気強く探ることが，解決の近道です。

やってしまった‼しくじり噺

■しくじり噺１：ルールがルールでなくなる日……

　生徒と相談して決めたルール。しかし，そのルールの運用方法が甘くて，結局なしくずしになってしまいました。もっと考えてスタートすればよかったです。

■しくじり噺２：ルールは変えるためにあるはずなのに

　めあてやルールは，絶対的な存在で守らないといけないもの。ではなく，状況にあわせて，生徒自身で変えられるものです。そのことを忘れてしまうと，とても窮屈になってしまいます。

13 他者への配慮も考えた座席の決定

たかが席替え，されど席替え

　生徒にとって，席替えは日々の生活の中で大きなイベントです。入学時の席は，基本的には出席番号順にすることが多いです。しかし，すべての生徒がそれぞれの身体的特徴を持っています。場合によっては，その特徴が「今の教室環境での学び」に適していないこともあるでしょう。例えば，右耳が聞こえにくい生徒がいることを所見で確認すれば，黒板に向かって右側になるように配置します。その生徒や保護者が，他の生徒に事情が悟られたくない場合もあります。該当の生徒だけを変更するのではなく，クラス全体で行う配慮や工夫も必要です。

Mission 担任ミッション

Mission1 生徒の身体的特徴を把握し，考慮する

　視力・聴力等の配慮を忘れないことが一番大事です。事前に，どのような配慮が必要なのかを確認しておくことが必要です。必要であれば，保護者とも相談し，生徒が安心して生活できるようにします。養護教諭とも相談するなど，授業担当の先生や様々な先生から情報共有することも大事です。

Mission2 席替えの方法からも生徒同士の関係を見る

　席替えだけの話ではありませんが，生徒同士の関係性をよく理解しておくことが必要です。席替えの方法でも，自分の都合を優先する生徒や様々な立場を考える生徒もいます。理科室や芸術系の教室などの座席も含め，生徒の意思を尊重しつつも，担任を含めた他者への配慮を考えさせましょう。

Point 他の教員とも連携し，情報共有を行うことが大事です

ベテランの先生からのヒトコト

　たかが席替え，されど席替え。生徒たちにとって席替えすることは新しい人との関係づくりをできる機会です。その新しい関係をよい方向に持っていけるようにしなければなりません。席替えは時期によって，それぞれ目的が異なります。例えば，文化祭に向けて準備がしやすい座席，定期考査前の落ちついた学習環境が必要な座席があるでしょう。生徒の様子を観察し，生徒と共に考え，必要なタイミングで行えるようにすることが大切です。

 生徒からの意見

生徒Aさんから▸▸ 　私たちで席替えの方法を決めさせてください。

意見への対応 ▸▸ 　席替えで学校に来られなくなる生徒や，なかなか教室に入りづらかった生徒が教室に来るようになったりします。高校生にもなれば，席についての配慮の必要性の理解もできます。その上で，生徒に任すことができる場合と，できない場合をしっかり伝えることが大切です。

やってしまった‼しくじり噺

■しくじり噺：ゲーム感覚で席替えをしてしまった

　若手のころ，席替えの方法を生徒が楽しめるよう，様々なくじ引きの方法などを考えていました。実際にその場は盛り上がり，担任としても楽しい時間であったと思います。しかし，生徒の個性や人間関係をなおざりにしていたため，席替えの結果1人が教室に入りにくさを感じ，別室登校をすることになってしまいました。生徒の様子を理解することを後回しにした結果，このようなことが起こったのです。その後関係修復し，教室に登校することができるようになったものの，まだまだ生徒の気持ちの理解の甘さを痛感しました。その後も「わかっているつもり」の自分自身を生徒に指摘されながら，同僚や保護者から常に意見をもらうよう努めています。

14 生徒主体を後押しする委員会，係，日直の分担

役割は人を育てる

　クラスの中で様々な役割をつくり，できるだけたくさんの生徒がクラス運営に関わるようにします。各教科の担当をつくるなど，学校全体で決まっている委員以外もオリジナルの役割をクラスで作成します。生徒主体的に決めていくことを前提に進めますが，生徒一人ひとりをどのように育てたいか考え，担任が係や役割につくことを後押しするよう働きかけも大切です。

Mission 担任ミッション

Mission1 クラスのルールを明確にし，徹底させる

　委員の作業や，日直がすべきことを明確にします。特にクラスが始まったころには生徒たちが何をしなければならないかを具体的に示すことで，主体性が高まります。また，クラスに貢献することで責任感を高めます。

Mission2 生徒同士が助け合える環境にすること

　それぞれの役割ですべきことを明確にしておくことで，他の生徒からも評価し合いやすくなりますし，助け合うことができるようになります。生徒同士が互いに助け合える環境になり，クラスのよりよい環境がイメージしやすくなるかもしれません。

Mission3 自分たちから仕事を見つけ，クラスだけでなく学校全体へ

　学年を経るにつれ，自分たちが主体的に新たに必要な仕事を見つけ，よりよい生活を築くことが求められます。自分たちのクラスで行って成果が出たものは，他クラス・他学年に波及させることで学校全体が変化します。

Point 生徒による新しい役割の生成から豊かな学校生活の創造へ

ベテランの先生からのヒトコト

　委員会や生徒会活動，日直の仕事など，生徒が託された仕事を介して，何を学ぶのかを見ることが大切です。学びとは，今できないことをできるようにすること，できるようになることです。社会のルールを守ることや守れなかった時には何をすべきかを共に考えます。そのような学びの中で，自らをさらに一歩「人格の完成」へと向かわせることになります。教員が，生徒の目線の先を見て，生き方，あり方の一歩先を示すことが大切です。

 生徒からの意見

生徒Ａさんから▸▸　次の学校行事で新たなことに挑戦してみたい。

意見への対応　▸▸　まずは，学校の中で新しい価値を生み出そうとしている意欲について，褒めてください。そして，なぜそのように感じたのか，具体的に何をしてみたいと思うのか，実現はどれくらい可能だと思うのかを聞いてください。多くの場合，漠然と曖昧なものが多いですが，教員や，周りの友達から興味を持ってもらい，話をする中で，具体性を帯びてきます。

やってしまった‼しくじり噺

■しくじり噺：ルールを徹底することへの思い込み

　保健委員の仕事ができなかった生徒に対して，何度も何度もやり直しを行うこともありました。文化祭の前に，全員の検温結果をとりまとめ，タブレット内の名簿に整理して報告する仕事について，その生徒はどこに何をするのか理解することができなかったため，提出ができずに再三提出の要請の通知があったというのです。単に方法がわからなかったようでした。係の仕事は誰でもできると思い込まず，仕事ができなかった場合について，どうするのか，危機管理やセイフティネットの感覚も必要かなと感じました。

15　提出物のルール

提出物は学年団との相談で，生徒にとって適正な量と時期を

　毎日何かの提出を求められる最近の高校生。提出物は年々増えていきます。提出物といっても，多種多様です。教科担当から出される課題の提出，授業のノートの提出，行事の出欠の返事を伝える書類の提出，模擬試験の申し込み用紙の提出，授業のアンケート調査の提出などなど。それらを全て，期限内に提出することは生徒にとって簡単なことではありません。できるだけ，生徒が提出しやすいよう，教科担当として，担任として，提出期限や多くの提出物の重なり等を考慮してあげることも大切です。

Mission　担任ミッション

Mission1　教科担当が話し合い，課題の提出日が重ならないようにする

　週末課題と称して，土日に課題を課している学校も少なくありません。週明けの月曜日には複数の教科の課題を提出しなくてはならなくなり，中には課題が出来なくて学校を休む生徒も出てきます。課題の量や，提出日などを教科担当で話し合いましょう。

Mission2　回収した課題はすべて個人情報，処理は丁寧かつ迅速に

　提出物の数が多いと，その処理も早く行わなければ机の上が雑然となってきます。よく回収されたプリント類が山積みになっている先生の机を見ることがあります。紛失の原因にもなりますので気を付けましょう。特に，他の部署から依頼された提出物はまとめて，早めに渡しましょう。

Point　生徒からの提出物は個人情報，適正な事務処理能力が求められます

ベテランの先生からのヒトコト

　最近はスマホでアンケートを行ったり，補習の希望調査をしたり，課題を提出させることもありますが，それでもやはり，提出が期限内に出来ない生徒もいます。若い頃は提出物を期限内に出せない生徒に「家に取りに帰る？」などと言ったこともあります。社会人になるためのルールを教えているような気になっていましたが，自分の仕事が滞ることが嫌だったのだと思います。いざとなれば，その生徒も期限を守れるはず。今はもし，提出が遅れた生徒がいれば，「いつ出せる？」と聞くようにしています。どうしてもその日でなければならない物は，その旨を伝え，生徒にどうするか考えさせます。

 生徒からの意見

生徒Aさんから ➡ 　土日両日とも試合があって，週末課題が出来ませんでした。だから今日提出できません。

意見への対応 ➡ 　土日に試合があることは前もってわかっていたことなので，課題にも計画的に取り組むよう話しますが，ではいつ出せるのかを本人に決めさせます。大切なのは課題を出すことではなくて，課題をすることなのですから。

やってしまった!! しくじり噺

■しくじり噺：配布物を渡すときに，生徒を確認せずに配布してしまった

　生徒に渡すよう事務室から預かった封筒。生徒は中身を保護者に渡し，封筒を返却することになっていました。数名の封筒が返ってこなかったので，封筒を返却するよう促しますと，「封筒をもらっていない」という返答。私が紛失したのかと思い，探したが見つかりません。しかし，他の先生に聞いてみると，その封筒配布はクラス全員では無く，該当者のみであったと。提出物は回収の時だけなく，渡すときも確認が必要だと肝に銘じました。

16 クラス運営のシステムづくり

主役は「どんなときも生徒」だと生徒自身が感じるクラス運営

先生によっては，先生がクラス目標やルールを与え，それを守らせたり，学校行事では担任が全面的に前に立ったりすることでうまくいくこともあるかもしれません。しかし，それによって生徒が成長することができたかどうかを検証する必要があります。生徒が自由な意見交換を行い，全員が合意形成に関わり，役割を分担して協力するといった活動をする中で，所属感や連帯感等が培われます。生徒が，トライアンドエラーを繰り返しながら自分たちの力で円滑に運営することを学ぶことで様々な資質・能力を身に付けています。

Mission 担任ミッション

Mission1 担任はファシリテーターに徹する

クラス運営はできるかぎり生徒に任せましょう。例えば，ＳＨＲやＬＨＲの司会や，教科担任との連絡係だけでなく，クラスでの生活をより楽しいものにするためにどのような係や当番が必要か，２，３年生になれば提案できます。

Mission2 生徒主体でクラス運営するのが当たり前という雰囲気をつくる

子どもの柔軟性は大人の想像を超えています。最初はいろんな戸惑いがあっても，それを受け入れることができる柔軟性を持ち合わせています。できる限り生徒たちにやってもらう雰囲気をつくることが重要だと思います。

Mission3 探究学習やＰＢＬ（プロジェクト型学習）の目標も活用する

目標の達成のためであれば，グループ活動，共同活動がしやすくなります。学校行事だけでなく，総合的な探究の時間との連携も考えてみましょう。

Point 担任＝ファシリテーターという認識を持ちましょう

ベテランの先生からのヒトコト

　若い先生の中には，「生徒にすべて任せていますから」と言って，担任の仕事を放棄してしまっている人もいます。放任主義のクラス経営と生徒主体のクラス経営は似て非なるものです。例えば，生徒たちが議論している中で，結論が明らかに誤った方向に向かっている時には，担任はファシリテーターとして，アドバイスをするべきでしょう。もちろん，誤っていても，敢えて黙っていて，失敗することで学ばせる，という意見もありますが，担任が側にいるのに，わざわざエラーさせなくてもいいんじゃないかなあとも思います。

 生徒からの意見

生徒Aさんから▸▸ ○○さんが仕事をしません。先生から注意してください。

意見への対応　▸▸ まずは，Aさんに一生懸命クラスの仲間のことを考えてくれたことに対して，労をねぎらいます。そのあとは，ケースによって異なりますが，1つの例として，まず○○さんの個人的な事情を担任が聞いて，その事情も尊重します。その上でその事情を踏まえてできることをAさんに直接話をするよう促すことが考えられます。忘れてはならないのが，クラスの生徒の一人ひとりの状況をまずは受容することです。

やってしまった‼しくじり噺

■しくじり噺1：すべての生徒に順番にSHRの司会をさせてしまった

　クラスメイトの前で話をするのが苦手な生徒がおり，前に立って何も言えずに下を向いてしまいました。生徒の個性に合わせた役割をクラス全員で考えることが必要だと感じました。

■しくじり噺2：ついつい自分の意見を口出ししてしまう

　生徒の議論に1つの意見として口出ししてしまい，司会に制されることがよくあります。本当にアドバイスになるかは，生徒もわかっているのですね。

17 ロングホームルーム（LHR）のメニュー

特別活動の要となる時間

　ＬＨＲや生徒会活動，学校行事や特別活動。生徒の協働性，多様性を育む場です。ＬＨＲは学校行事の準備，文化祭の出し物決め，練習に使うだけではもったいない。生徒会主催の弁論大会，読書会などに使われる学校もあるかと思いますが，クラス独自の企画，レクリエーションなどＨＲ運営委員が中心になって企画していけるように適切な距離をとって見守りたいものです。

Mission　担任ミッション

Mission1 安全，安心の場所としてのホームルームをつくる

　生徒が学校生活の中でもっとも長い時間を過ごす場所がホームルームです。何よりも生徒にとって安全，安心が感じられる居場所にすることが優先事項です。しかし，現実は，授業中がもっとも安心できて，休み時間，昼休みに身の置き場がなくて不登校になってしまうケースが多くあります。

Mission2 公共の場としてのホームルームをつくる

　ホームルームは誰もが居場所だと感じられる公共の場です。互いにそれとなく気遣いながらも時に無関心を装う。そのような公共の場で求められる振る舞いも学ばせるなかで，公共の場の大切さを感じさせたいものです。

Mission3 生徒の主体性に任せる

　ＬＨＲは生徒の主体性を育てる時間。教師が仕切ってしまわないように，うまく力を抜きましょう。公共の場では，対話と協働の実践をすること自体に意味があります。うまくいかなくとも失敗でないと指導したいものです。

Point 担任はうまく力を抜くことで生徒の自主性を引き出しましょう

ベテランの先生からのヒトコト

　「今日は新聞紙で遊ぼう」と「新聞紙」の使い方を１人１個考えるＬＨＲプログラムをしたことがあります。「読む」から始まって「重い家具の下にかます」「濡れた靴の中にいれる」「濡れた新聞紙でガラスを磨く」「ハエを叩く」「ちり紙に交換する」等々。出てくるアイデアの多様性がクラスの多様性のあらわれです。ねらいはレクリエーションではなく，多様な意見がでてくるクラス（集団）で学ぶ楽しさを実感する時間にすることです。

 生徒からの意見

生徒Ａさんから ➡　世間で話題になっている問題をめぐってクラス討論会をしてみたいのですが，うまくいくかどうかが不安です。

意見への対応 ➡　全体での議論は難しいので，４人程の班に分けて意見を交換させるとよいです。そしてメンバーを交換し，１時間の中で，できるだけ多くの人と言葉を交わすことができるようにします。ＬＨＲ活動のねらいは対話をすることなので，討論がうまくいかなくても大丈夫です。

やってしまった‼ しくじり噺

■**しくじり噺１：あのクラスは勝手なことばかりしていると怒られた**
　ＬＨＲではいろいろなことが可能です。ＬＨＲ運営委員の企画力でクラス独自で講演会や座談会を開いたり，調理室を借りて試食会を開いたり，また校外でミニ遠足を楽しんだり，ただどれも関係部署との折衝が必要になります。そこを怠ると，各方面からお叱りを受けることになります。

■**しくじり噺２：クラスが公共的な空間と認識できていなかった**
　担任として張り切ってクラスのメンバーに強い帰属意識や一体感を持たせようと，「クラス一丸となって」と言ってしまいました。その結果，何人かの生徒に「ついていけない」と疎外感を与えることになってしまいました。

18 ## ショートホームルーム（SHR）の考え方

> **SHRは楽しい**
>
> 　よくクラスには担任のカラーが出ると言われますが，確かに各クラスによって違った雰囲気ができあがります。SHRのあり方も少なからず影響を与えていると思います。SHRは生徒の様子を観察したり，連絡を伝えたりするだけでなく，担任の工夫次第でいろんな事ができる楽しい時間です。

Mission　担任ミッション

Mission1　伝えるべき情報を精査して短い時間を有効に

　朝と帰り，２回のSHRを行う学校が多数あると思いますが，どのタイミングでどの連絡を伝えるかを考えて伝えます。下校時の注意事項を朝のSHRで伝えても，生徒は忘れてしまいます。今後の予定なども，遠いものから伝え，直近のものは最後に伝えるようにします。また，同じ事を何度も言うと生徒は聞かなくなっていくので注意しましょう。

Mission2　備忘録の手帳は準備しておく

　SHRの時間は教師側からの伝達だけでは終わりません。連絡を済ませた後，生徒はここぞとばかり，個人的な話をしにきます。授業参観の出欠の返事を忘れたとか，明日は大会で公欠になるとか，タブレットが動かなくなったとか。簡単でいいので，その場でメモをとるようにしてください。

Mission3　生徒の姿を観察して記録しておく

　SHRを生徒に運営させる場合もあります。そこで生徒の個性が見えてきます。日々の生徒のよいところを記録するチャンスです。

Point　SHRを担任側からの一方通行の時間にしないことが大切です

ベテランの先生からのヒトコト

　最近はＳＨＲで伝え忘れたことも，アプリケーションを使い，生徒のスマホに連絡出来て便利な一方，生徒も聞き逃しても後から友達にＬＩＮＥに送ってもらえばいいと思うので，その場でメモを取らず，真剣に聞かない事も多いです。そこで，連絡を伝える前に，時事ネタを話してみたり，連絡を当番制にして伝え合わせたりしています。また，高校に入学して思うこととか，夏休みの思い出とか，最近気になったニュースとかの話を当番にさせると，英語の予習をしていたり，数学の宿題に追われていたりする生徒もその時は手を止めて聞いています。生徒同士，お互いを知る機会にもなっています。今も，他にどんなことが出来るか考え中です。

 生徒からの意見

生徒Ａさんから ▶▶ 　○○先生っていつもにこにこしていますね。去年の担任の□□先生は朝からむすっとして，いつも機嫌が悪くて嫌でした。

意見への対応 ▶▶ 　生徒は思った以上に教師の顔色をうかがっています。私たちも人間ですから機嫌のよい日もあれば，悪い日もあります。しかし，１日の始まりである朝，教壇に立つときはまず，明るく元気に生徒に話しかけたいものです。

やってしまった‼しくじり噺

■しくじり噺：ＳＨＲは毎日のこと，しくじりなんて毎日，だから毎日考える
　しくじりのほとんどは連絡のし忘れです。特に，部活の顧問から渡された呼び出しの連絡，その日の放課後に急遽行われることになった委員会の連絡。そんな時はすぐに担当の先生にその旨を伝え，次の対処法を考えます。

オリエンテーションは人間関係構築の仕掛け

　1年生のオリエンテーションでは，中学と高校の違い，学校全体のしくみや高校生活の心構え等の説明については，学校・学年の行事として実施することでしょう。また，多くの場合はそれと前後して，クラス開きとなる最初のＬＨＲも実施することとなります。ここからが担任としての色の出しどころです。活動を通して，クラスの生徒間で，それぞれの目標の共有や，不安感やドキドキなどの気持ちも共有して多くつながりを生じさせましょう。

Mission　担任ミッション

Mission1　生徒の受け止めの状況を把握

　学年主任等の話を聞かせる際には，授業における評価と同じように，生徒の様子をさりげなく観察しておきましょう。どんなに丁寧な説明でも，生徒にとっては把握が難しい話もあるでしょうし，そんな生徒が少し困っているときこそ，いろいろな姿が見られるものです。

Mission2　生徒の活動の場をつくる

　年度当初の生徒にとっては，どうしても話を聞くばかりの緊張する時間が多いです。だからこそ一転，クラス開きでは生徒の活動を増やし，ちょっとホッとする時間を与えたいものです。例えばペア活動やグループ活動を取り入れて，お互いに自己紹介させてみてはどうでしょうか。細かく時間を区切ってペアやグループを入れ替えるなど，身体的な動きも付ければ，さらに効果は高まります。

Point　担任は生徒観察に努め，後の面談における話題を探します

ベテランの先生からのヒトコト

　平成30年告示の学習指導要領にて「主体的・対話的で深い学び」が示されてから，生徒主体の学習活動の在り方について，実践が積み重ねられてきました。それもあって教員研修においても，講義形式だけはなく，グループワーク形式が多く取り入れられるようになっています。そういった研修では，もちろん研修内容を身につけることも大切ですが，受講者の活動を活発化させるためにどのような工夫がされているのか，ファシリテーターの役割について考え，その技術を身につけていようとすることも大切です。

 生徒からの意見

生徒Aさんから ➡　クラスでいろんな人と喋ったけど，スマホが使えなくて覚えられません。後になると結局，誰と何を喋ったかわからなくなってしまいました。

意見への対応 ➡　年度当初の活動には，特に細かな配慮が必要です。今回の例では，大きめの付箋を使って名札を着けさせておいたり，メモを取らせるために予めクラスの名簿を渡しておいたりといった工夫が考えられます。

やってしまった!! しくじり噺

■しくじり噺：担任としての気持ちが先走っていた

　過去の自分を振り返ると，この時期は生徒の顔写真もまだ持っておらず，早く生徒を覚えようと必死でした。そのため，クラス開きでは生徒に前に立たせて顔を見て，自己紹介を聞いて，早く生徒のことを覚えようと思っていました。でも今となっては無駄な時間だったなと感じます。担任は大抵，各生徒と個人面談する機会があるので。この時期はその準備と捉えるほうが，クラス全体としてうまく時間を使えるように思います。

20　レクリエーションの目的とアイデア

クラス開きはクラスメイトを考えるアイスブレーキングから

　最初のＬＨＲは自己紹介。例えば，「まず生年月日順に並びなおそう」，あるいは「姓でなく名のあいうえお順で並びなおそう」と指示を出します。その時「一切声を出してはいけない」などと条件をつければ，生徒は工夫をはじめるので，騒がしくなることはありません。その上で，次の人に自己紹介して，全体にはその人から他己紹介してもらうなどの工夫もよいですね。

Mission　担任ミッション

Mission1　レクリエーションで安心感，信頼感を醸成する

　レクリエーションを通じてホームルームに所属することへの安心感，信頼感を醸成することは，公共空間としてのホームルームを創るために必要なことです。生徒ができるだけ多くの仲間と言葉を交わせる工夫をしたいですね。

Mission2　なんとなく安心して「居ることができる」空間づくり

　高校生の最大の関心事は居場所の確保です。部活動もその内容が好きというよりは，部活動に属していないと１人になってしまうから，という心理も働いているのでしょう。特定の誰かといなくとも，ホームルームにいれば安心できる空間にするためにレクリエーションを有効活用したいものです。

Mission3　レクリエーションが苦手な生徒もいる

　何が起こるかわからない，先の展開が読めない時間，それがレクリエーションの楽しさですが，コミュニケーションが苦手な生徒にとってはそのことで不安がいっぱいになります。担任のフォローが必要です。

Point　担任も楽しみながら，しっかりと生徒の観察もしましょう

ベテランの先生からのヒトコト

　クラスで空き時間を見つけては３分間スピーチをさせてきました。内容に困った生徒には相談にのりました。生徒それぞれ様々な事情を抱えています。この機会に話しておくと気が楽だよと勧めてきました。自分はこういう問題があるので席替えで配慮してもらっています，といったことです。この機会を通じて，それぞれ事情を抱えたメンバーがいる，ホームルームとはそういう空間なのだ，と察することのできる時間になればと思ってきました。

 生徒からの意見

生徒Ａさんから ▸▸　前で話すのが何より苦手でいやです。なのに担任の先生は３分間スピーチとかで張り切っています。憂鬱で仕方ありません。

意見への対応 ▸▸　困った先生ですね。よいと思っているのでしょうね。社会に出たらそういう大人と付き合ったり，人の前で話をしなくてはいけないこともあります。しかし，苦手で話せないのであれば，みんなの前でなく，担任の先生の傍でそっと，そのことを伝えてください。きっとわかってくださいますよ。

やってしまった!! しくじり噺

■しくじり噺１：我を忘れて一緒になって楽しんでしまった

　先生方のものまねの上手い生徒がいて，あまりの面白さに一緒になって笑い転げてしまいました。あとで，あのものまねで笑ったことが，その先生の耳に入ったらまずい，と冷や汗をかきました。我（教師であること）を忘れてはいけない。

■しくじり噺２：他学年，他クラスへの配慮ができていなかった

　他の学年がしっとりとしたプログラムをしている時に，クラスレクリエーションで盛り上がり「配慮がない」とお叱りを受けました。お互い様な面もあるのですが，やはり一言があるかどうか，配慮ができているかが肝心です。

21 　生徒会・部活動指導への関わり方

ホームルーム担任は生徒の自主活動のよき理解者

　学校生活の充実や自分自身の成長を目指して生徒が自主的に取り組んでいく活動です。生徒会担当や各部活動顧問の先生が直接指導に当たりますが，担任は，すべての活動の支援者です。年度末には特別活動の記録として，指導要録に担任がその活動を記入していくことになります。

Mission 　担任ミッション

Mission1 　生徒の主体的な選択の支援

　入学時には部活動紹介や部活動見学があるでしょう。また生徒会執行役員への応募時期も学校によって決められた時期にあります。その際には，クラスの生徒に補足説明をしたり，相談に応じたりすることになります。そのためには，今，生徒が何を見ているのかを感じておくことが大切です。

Mission2 　それぞれの環境での生徒の一面を尊重する

　生徒の多面性をしっかりと認めていくために，生徒会担当や部活動顧問の先生方と連携することが重要です。生徒の優れた面だけを探すだけでなく，多面的に生徒を理解するために担当の先生方と双方向の情報共有が重要です。

Mission3 　クラス内や面談などで生徒の自主活動をフィードバックする

　生徒を学習活動だけでなく，生徒会や部活動など，すべての活動から理解することは，担任として難しいことでもあり，楽しいことでもあります。生徒の様子を学級通信や面談，ホームルームでの話などでクラスメイトや保護者と共有していくことは，その生徒の人格形成に有益に働きます。

Point 　ホームルームから離れた活動を生徒と同じ目線で見つめましょう

ベテランの先生からのヒトコト

　担任として生徒会活動や部活動指導に関わることは，親が子を学校へやる気持ちや親が子の進路を案ずる心に近いのかもしれないと思います。「君が思うようにやればいい」と考えることもあれば，生徒にとってどの活動を「するかしないか」ということも含めた判断の支援をすることもあります。自主活動で生徒の成長，悩みなどを，生徒会担当や顧問の先生方と一緒に見守る姿勢が生徒の主体性を育むためには重要です。

 生徒からの意見

生徒Ａさんから ▶▶　少し前から，部活動の顧問の先生が言っていることがよくわからない。最近では私だけが咎められた。もうやめたい。

意見への対応 ▶▶　主に担当してくださっている先生がいらっしゃるので当然即答はできません。その事象に関する意見や感想を述べるのも控えましょう。しかし「時間をとるから詳しく聞かせて」というところから始めるのがよいかもしれません。

やってしまった!! しくじり噺

■しくじり噺１：顧問の先生からの意見を生徒に代弁してしまった

　クラス内で部活動での不平不満をよく漏らす生徒から相談を持ち掛けられたのですが，以前から顧問の先生より部活動での改善すべき様子を伺っていたため，それを代弁する形で話すと関係がこじれてしまいました。担任としては，生徒の言い分や様子をよく聞いて，顧問の先生と相談すべきでした。

■しくじり噺２：生徒会役員への連絡を間違った

　学校行事の日には，生徒会役員が他の生徒と異なる行程で活動することがあります。その日は，生徒会役員への連絡を別途受けていたにもかかわらず，他の生徒と同じ連絡を生徒会役員にもしてしまい，１日混乱を招きました。

22　修学旅行の協力体制

在学中，最大の思い出

　生徒にとって，修学旅行は最も思い出深い行事の筆頭ではないでしょうか。大きな行事ですから，多くの方々の協力を得て，時間もかけて準備します。学年団で計画を立て，多くの会議や校長の承認を得て，保護者による生徒の参加承諾も得て実施されます。そこには，生徒を育むたくさんの人の思いや愛情が形となって見えてきます。それだけに，担任としても引率した生徒たちの表情や成長は心に深く刻まれるのです。

Mission　担任ミッション

Mission1　生徒の参加可否，健康安全管理を掌握する窓口

　保護者に対して修学旅行の概要説明の頃から，生徒の参加可否に関わる相談が必要になることがあります。経済的理由，心身に関する理由，身体的理由による参加制限など多岐にわたります。そのため，養護教諭，学年で相談したことを，保護者，生徒に寄り添いつつ伝え，しっかり気持ちを聞きます。

Mission2　企画・運営に関わる職務分担を遂行する

　企画や運営の細案は当該学年に任されます。学年団の一員として職務分担されますが，大切なことは1人で抱えないこと。学年団の先生方に自分の分担業務の進捗状況を知っておいてもらうことはチームとしてとても重要です。

Mission3　団体旅行としての生徒の行動の掌握

　行程内では，人員確認，連絡事項徹底，健康観察をいつも気に留めておきます。参加生徒全員が元気に予定通り帰宅するのが何よりよい旅行なのです。

Point　大きなことも些細なことも職員の協力体制で乗り越えましょう

ベテランの先生からのヒトコト

　大きな学校行事だから，何か思い出に残るものにしたい。特別なことをしてやりたい。それもよいと思いますが，実は生徒らにとってはどんなことでも貴重な一度きりの経験です。当該学年の先生方が一生懸命に準備された旅行で，参加生徒全員が皆元気でいれば，自ずと思い出に残る時間となります。健康・安全安心の上にこそ成り立っていることを忘れず，生徒にとっての一つひとつの出来事を大切に見守りたいものです。

 生徒からの意見

生徒Ａさんから ▸▸　班別行動のメンバーと上手くいかず困っています。修学旅行に行くかも迷っています。どうしたらよいですか。

意見への対応 ▸▸　きっと誰もが楽しみにしている修学旅行であり，その時間を過ごすことに対する心配事は付き物です。まずは，心配事に共感しつつ，他の行程などを広い視野で話してやってみてはどうでしょうか。ただ重大な事案が潜んでいることもあるので，聞き取ったことを他の先生方とも相談してから，後で声掛けをしてみるのがよいかもしれません。

やってしまった‼ しくじり噺

■しくじり噺１：烏合の衆は，教員がつくっている⁉

　行動内容や行動の注意事項を伝える際には，まず，その終着点を必ず伝えなさいと若い頃に主任の先生に教わりました。終着点とはつまり，行動が終るときに，生徒がいつ，どこで，どのように（何を）するかということです。

■しくじり噺２：旅行先で担任である私が発熱し寝込んでしまった

　教員も人間なので体調を崩すのは仕方ないのですが，大変ご迷惑をおかけしてしまいました。生徒に健康観察を徹底するように指導しながら，情けなく感じ，改めて体調管理の大切さを痛感しました。

23 生徒の目線に立った体育祭指導

チームの監督!?　クラスのカラーが出る体育祭

　クラス対抗や学年対抗など仲間で競い合う楽しさや仲間と協力してやり遂げる達成感を味わうことができる学校行事ですし，生徒目線で考えてもその意識が大部分を占めると思います。しかし，それだけではなく，行事全体を見渡せば，クラスの応援や係の仕事，部活動単位での役割，実行委員会の活動など生徒が責任をもって活躍している場面は他にもたくさんあります。

Mission　担任ミッション

Mission1｜クラスの出場メンバー決定の支援

　クラスのチームづくりにどのように関わるか，生徒をどう生かすかを考え実践することは難しいことであり，とても楽しいことだと思います。実施要項をよく理解すること，先輩教員に伺うことから始めてはどうでしょうか。

Mission2｜準備段階から当日までのクラス内連携づくり

　生徒個々の役割や抱えている仕事はもちろん，健康状態や人間関係の課題などを把握しておくことは，クラスでの協力体制や連携づくりにとても大切です。担任が「つくる」というよりは，生徒たちがつくり上げていっているものを見守るということかもしれません。

Mission3｜クラス全体や個別へのフィードバック

　生徒・保護者に対して，通信や面談，またＨＲ活動や日々の生活の中で，よかった点のフィードバックをすることは担任にしかできないミッションであり，生徒らの成長をより促すことではないでしょうか。

Point　いろんな生徒の目線に立って行事を見つめてみることです

ベテランの先生からのヒトコト

　大きな行事であればあるほど，生徒も職員も予め決められた役割を果たすことで上手く行事が進んでいくように，実施要項や手順書などがあるものです。それをよく理解しておけば大丈夫です。担任の先生には，生徒と一緒になり，生徒目線で一つひとつの役割を感じて，生徒の近くで達成感の表情を見つめてほしいです。

 生徒からの意見

生徒Aさんから▸▸　クラスの出場メンバーがなかなか決まらない。これ以上どうすればよいかわからない。何とかしてほしい。

意見への対応　▸▸　学校毎の生徒の実態にもよりますが，よくある話です。やってはいけないのは，特定の生徒の意見として扱うことと原因を探すような指導ではないかと思います。解決の方法は校内の先生方と知恵を絞ればきっとあります。こういう意見への対応はクラス全体の問題として，または担任の責務として，話してやることが大事ではないでしょうか。

やってしまった!! しくじり噺

■しくじり噺1：要項をよく理解せず，自分の思い込みで生徒に説明した

　出場メンバーの決め方について生徒から質問があった際に，間違った解釈で説明していました。提出後，変更を求められ，クラスメイトに謝りました。

■しくじり噺2：担任としての生徒対応で，職員役割に穴をあけてしまった

　クラスでの生徒対応に追われていたとはいえ，役割分担ができず進行が遅れました。実施本部への連絡や，他の先生方との連携や連絡を気にしておけばよかったと反省しました。先輩教員からは励ましをいただき，「確かにどちらもおろそかになってしまうね」との指摘もありがたかったです。

24 文化祭成功のポイント

上手くいかないから成長する

　文化祭は，上手くいかないことや，トラブル連続です。だからこそ，みんなの意見を聞き，議論することを学ぶチャンスです。安易に多数決ありきで決めるともったいない。意見の違いが生じるのは，みんなが本気になっている証拠。みんなの「違い」を，気持ちをすり合わせることでどう乗り越えるか。意見が分かれた時こそ，人間的な成長のチャンスです。

Mission　担任ミッション

Mission1 ｜ トラブル発生！解決よりも大切なこと

　トラブルが発生すると，先生としては，すぐに丸く収めたいですね。ただし，もっと大切なことがあります。生徒が当事者として議論し，納得することです。丸く収める＝全員が納得ではありません。ほとんどの場合，誰かが悔しい思いをしているはずです。手間はかかりますが，生徒がじっくり考え，話し合う方向を模索しましょう。この時，教師から意見を言わず，生徒の意見の交通整備や通訳をするような気持ちでいることが大切です。

Mission2 ｜ 生徒，学年団，保護者でこまめな情報共有を！

　トラブルの解決は，絶対に先生1人で抱え込んではいけません。これは文化祭に限った話ではありません。また，トラブルは悪いことではありません。その生徒にとっての成長のチャンスが巡ってきたと考えて，複数の教員で冷静に対応しましょう。また，保護者の方とも情報共有して，温かく見守る雰囲気をつくることが大切です。

Point トラブルを成長のチャンスと前向きに捉え，チームで対応を

ベテランの先生からのヒトコト

　文化祭の準備期間のトラブルは主に３つに分かれます。①放課後に残る残らないなど，意欲への熱量の差によるもの，②Ｔシャツを揃えるなど金銭に関わるもの，③恋愛感情の表出など新しい人間関係に関わるもの。予め，この３つについて，どう対処するか，ルールをつくるかなど，生徒に考えさせるのもよいかもしれません。

 生徒からの意見

生徒Ａさんから ▸▸ 　もう先生が仕切ってください。私たちには無理です。

意見への対応 　▸▸ 　なぜ無理だと思ったのでしょうか。なんだかとっても不満が溜まっていそうですね。まずはその不満をしっかり吐き出してください。不満があるということは，高い理想を持って取り組んだ証です。まず，そこを評価してみましょう。そうすれば，不満の対象が，上記の①か②か③かなど，冷静に分析できます。トラブルに対処するきっかけとなるかもしれません。また，結論まで先生に助けてもらうのは，根本的な解決にならないことを理解させることも重要でしょう。

やってしまった!! しくじり噺

■しくじり噺１：生徒に任せてネットトラブル

　生徒に任せておくと，ＳＮＳで話し合うことも多いのですが，オンライン上でのトラブルは状況把握しにくい上に，対面よりも言葉づかいへのイメージが偏向しがちで，取返しのつかない心の傷を残してしまいました。

■しくじり噺２：クラスに夢中で全体に迷惑を……

　クラスの指導にエネルギーをかけすぎて，気付けば分掌は全てベテランの先生がしてくださっていたことがありました。文化祭などの行事では，先生の分掌もかなりの量があります。必ずチームで指導していることを忘れずに。

25　球技大会の運営管理

主体的な生徒のパワーを感じる球技大会

　生徒会が企画・運営し，生徒らが主体的に実施することを期待する学校行事だと思います。また，生徒らにとっては日頃の授業から離れて，ストレス発散の機会でもあるでしょう。ただ，それだけに教員としては事故防止やトラブル防止には余念がないところですし，ルールやマナーの大切さを学び実践する場となることを望んでいます。

Mission　担任ミッション

Mission1 │ メンバー決定や参加状況の把握

　クラスの中には，運動が苦手な生徒，けがをしている生徒，最近元気をなくしている生徒など何か事情を抱えていることもあります。当日欠席する場合もあるでしょう。心身の健康状態も考慮し，クラスの生徒と話しながら判断していくことが必要になると思います。

Mission2 │ 職員の役割分担もあり，クラスの一員でもある

　事故防止やトラブル防止の観点から，生徒の活動場所の巡回等は職員全体の役割であると思います。それと並行してクラスの一員として応援や監督にあたるのは楽しくもあり大切な担任の役割です。

Mission3 │ クラス団結やチームワークのためのフィードバック

　生徒は，球技大会の結果や頑張れた成果は気になっているものだと思います。どのような結果であったとしても，生徒たちの活動の跡をその後の学級活動のためにフィードバックする準備をしておきたいものです。

Point　楽しむ準備は生徒たちが。担任は様々な事態に対処する準備を

ベテランの先生からのヒトコト

　生徒らの自主的・主体的な行事では，生徒の実態に応じた企画の工夫や運営の方法があり，学校毎で大きく違います。担任として事前指導・実施支援・事後評価のミッションをどのように準備するかでどのように関わるかも変わってくると思います。一概にこうすれば生徒が積極的になるという方法はなく，これまでのクラスの仲間の間で起こったことや，互いに人間関係に配慮することでよりよい球技大会になっていきます。

 生徒からの意見

生徒Aさんから ▶▶　必ず競技に全員出場しないといけないんですか。スタートメンバーで最後までやれませんか。

生徒Bさんから ▶▶　必ず競技に出場しないといけないですか。すごく嫌なのでその日は休みたいです。だめですか。

意見への対応 ▶▶　全員参加の工夫を凝らしている生徒会や担当部署の先生方の苦労とは裏腹にこのような意見はあると思います。担任の先生に甘えて話してきてくれているとは思いますが，話が転じてクラス内の人間関係悪化につながるのは避けたいものです。その生徒の気持ちも汲みながら，いろんな立場を考えるきっかけにしていければよいのではないでしょうか。

やってしまった！！しくじり噺

■しくじり噺1：職員チームでハッスルしすぎて足を捻挫

　まさに，やってしまいました。この時は笑い話で済みましたが，先生は教育現場では支援者であることを忘れてはいけないなと感じました。

■しくじり噺2：業務で，自分のクラスの試合を見ることができなかった

　仕方がないこととは言え，本当に後悔しています。

26　学習に生かす効果的なテスト指導（定期考査）

生徒に示した明確なハードル

　定期考査は生徒にとって，自分が評価されることを否応なしに意識してしまう場面です。テスト前だからといって，普段と異なる学習の取組をさせる必要は本来ありませんが，目標や目的意識を設定させやすいタイミングを，担任としてうまく使わない手はありません。学習への取組を通して，原則として自分自身の力だけで生徒が物事に対応する貴重な機会となります。

Mission　担任ミッション

Mission1 ｜ 生徒がPDCAサイクルを意識するチャンスをつくる

　「数学で70点をとる」というような目標設定だけであれば，達成したか否かだけの振り返りで終わってしまいます。目標達成のために，具体的にどのような取組をするのか（Plan）を考え，事後にその取組が目標に対して適切であったかを含めて検討させる（Check）経験などを通して，生徒が自らの活動や姿を俯瞰的に観察する力を身に付けさせます。

Mission2 ｜ 生徒が校則とは違った「校内規程」の意義を考える契機

　考査や成績に関する校内規程は，校則とはまた違った規程遵守の指導のよい機会となります。また，その規程は学校によって異なることもあり，担任として正確に把握しておくことが必要です。特に1年生の場合は，違反時の懲戒内容を含めて，公平性・公正性を保つための大原則を生徒に伝えるとともに，個別の要望がある場合には，自ら事前相談を行わせる等の経験をさせておきましょう。

Point　通常の授業時から敢えて区切りをつけてみましょう

ベテランの先生からのヒトコト

　テスト監督に行くと，各クラスの状況がよく確認できます。担任団以外の教師にとっては，授業で入ったこともない教室や初めて会う生徒たちの監督を行うこともあるもの。そんなときに掲示物や黒板，教卓の中を見て，クラスの雰囲気を掴むことも１つの楽しみです。さて，テスト時における教室は，生徒にとって集中できる環境が整えられていますか。担任として教室内をチェックしておきましょう。

 生徒からの意見

生徒Ａさんから ➡　問題集で勉強したのに，テストには同じ問題があまり出なかった。じゃあ，どうすれば点が取れるの？

意見への対応 ➡　授業担当の先生へ質問に行かせるのが１つの方法ですが，どんな勉強をしていたらよかったのか自身で考えさせたり，友人に相談したりさせてから質問に向かわせると，他の科目の学習にも効果があるでしょう。

やってしまった!! しくじり噺

■しくじり噺１：学力の規準の捉え方が甘かった

　１年生最初の定期考査の結果，ある生徒の点数が欠点ばかりなのを見て，何じゃコリャ？　授業の様子は誰が見ても問題はないしで全くのノーマークだったのですが，実は定期考査が苦手な生徒でした。しくじりとは言い切れませんが，多様な学力の測り方（規準）の必要性を感じた経験でした。

■しくじり噺２：中位層生徒の悩み

　中位層には「今回の結果はどうだった？」と安易に聞いてしまいがち。で，生徒はその一声に，何も見てくれていないとショックを受けたようでした。まずは担任としての評価を持って一声掛け，生徒に寄り添いましょう。

27　実力テスト・資格試験を自信につなげる手立てに

結果よりプロセスを重視することを学ぶ「実力テスト・資格試験」

　自分のクラスの生徒が実力テストや資格試験で素晴らしい結果を残すことは，担任にとってとても嬉しいことです。もちろん結果を出すことは生徒にとっても嬉しいことですし，それによって自信を持つことにつながります。ただ，結果を出すことだけではなく，そのプロセス，つまり実力テストや資格試験を1つの目標にして，達成に向けての計画や遂行する努力など，準備が重要であることを学ぶ機会としても活用したいものです。

Mission　担任ミッション

Mission1　実力テストや資格試験について適時適切な情報提供をする

　まずはその試験がいつ実施され，どのような内容のものなのか，いつから準備をするべきなのか等，生徒たちにとって必要な情報を提供しましょう。必要な情報を適切なタイミングで提供することは担任の重要な役目です。

Mission2　教科担当者と連携して支援の方法を得る

　実力テストや資格試験の対策をするには，教科担当者との連携が不可欠です。例えば，実用英語技能検定（英検）やＧＴＥＣ等の外部検定試験が大学入試でも重視される傾向にありますが，英語の授業担当者とうまく連携しながら，生徒が計画や戦略を立てる支援を生徒に伝えましょう。

Mission3　成功のイメージを持ち，計画を立て，努力する姿を応援し合う

　上記の情報や支援をもとに，生徒それぞれのよい結果のための計画を立て，その達成のための努力をクラスで応援し合えるよう努めます。

Point　情報をもとに，よい成果に向かって計画を立てるプロセスが大切

ベテランの先生からのヒトコト

　生徒のこれからの人生で乗り越えなければならない出来事や壁がいくつも現れますので，学ぶことは，高校を卒業してからも続きます。これらはすべて「テスト」かもしれません。乗り越えた先の幸せな自分の姿をイメージしながら，どのようなプロセスで対応するかを具体的に示すことができれば，「テスト」を共に乗り越えてくれる仲間が現れるかもしれません。仲間と共に努力したプロセスこそが人生の中で大切にすべきものではないでしょうか。

 生徒からの意見

生徒Ａさんから➨　明日のテスト（自信がないので……とは本人は言いませんが）欠席します。

意見への対応　➨　保護者からの期待や，友人の努力等の見えないプレッシャーに負けそうな心に寄り添うことも大切です。弱さととることもできますし，その生徒の長期的な目標で見た時の戦略ともとれます。目の前の結果のプロセスと同時に，少し未来までのプロセスも共有してくださいね。

やってしまった!! しくじり噺

■しくじり噺１：生徒に勉強を強制したためにクラスの雰囲気が悪くなった

　担任として勉強する雰囲気をつくりたかったので，模擬試験に向けて早朝や放課後に勉強することを強制したのです。生徒はしぶしぶ従っていましたが，結果は芳しくなく，逆に雰囲気が悪くなってしまいました。やっぱり「させられる勉強」ではダメなんだとわかりました。

■しくじり噺２：クラスの目標を教室の前に掲示したことが皆のストレスに

　クラスの士気を高めて「〇級合格」と教室の前に掲示しました。生徒の中ではもしダメだったとき，教室にいられなくなるような脅迫的なストレスと感じていたことが後でわかり，猛省しました。

---

28 よりよい関係づくりにつなげる個人面談の心得

「生徒と担任」の関係づくりを日々意識して

個人面談は，生徒のことを知ることができる絶好の機会です。生徒にはそれぞれ異なる生活によっていろいろな背景があるので，考え方や抱えている悩みがあります。面談を通じて，その一端を知りたいものです。同時に担任としての姿勢を生徒の立場に応じて知ってもらえる機会でもあります。よりよい生徒との関係づくりにつなげていきましょう。

Mission 担任ミッション

Mission1 事前に生徒の個人情報を把握する

何の準備もしないまま個人面談を行うのは，非常にもったいないです。個人カードや成績表などに目を通して生徒の個人情報を把握しておきましょう。その上で，生徒が何を見て，何を目指しているのかを一緒に見てみましょう。

Mission2 生徒の話をしっかりと聞く

担任の先生の言いたいことを伝えるばかりはやめましょう。また，生徒の話を真っ向から否定するのもやめましょう。生徒の言葉を傾聴し，共感する姿を通して，担任としての生徒に対しての姿勢を伝えてみては。

Mission3 必要な情報は主任や学年団と共有する

個人面談の中で，ＳＮＳや人間関係など，気になる内容がわかることがあります。そのような場合は，主任や学年団と情報を共有しておくとよいでしょう。中には，他の先生への他言を嫌がる場合もあります。学校の先生は，全員，君の立場を大切にすることを伝え，チームで指導していきましょう。

Point 必要なアドバイス以外は聞く姿勢，受け止める姿勢に徹しましょう

ベテランの先生からのヒトコト

　面談では，普段の学校生活で気になることや成績や進路のことなど，様々なことを伝えたいと思っているのではないでしょうか。もちろん，伝えるべきことは，面談の中できちんと話をしましょう。その上で，生徒の話をしっかりと聞きましょう。しかし，あまり話をしたがらない生徒もいます。その場合は，無理に聞き出すのではなく，話してくれる時期を待つなど，カウンセリングマインドで，生徒を受容しましょう。一度，あなた自身がスクールカウンセラーの面談を受けてみてください。勉強になりますよ。

 生徒からの意見

生徒Aさんから ▸▸　学校生活は上手くいっているし，困っていることも特にありません。だから，面談する必要はありません。

意見への対応　▸▸　面談は，困っている生徒を指導する場ではありません。特別に「個人面談」という時間を設定せず，日々のちょっとした時間での会話でも十分その生徒の思いがわかることがあります。その生徒が，人間関係の中での不条理な状況にあることも，しぐさの中から感じられる場合もあります。その生徒の言動から，何を学んでいるのか，何を求めているのかを考えてみてもよいかもしれません。しかし，決めつけはいけません。

やってしまった!! しくじり噺

■しくじり噺：面談の場で生活指導をしてしまった

　新任で，まだ生徒を受けとめる心の余裕がなかったころ，面談はこちらが言いたいことを伝える絶好の機会と捉え，普段の学校生活について色々と指導をしてしまいました。生徒の話も言い訳と捉えてしまい，こちらの言いたいことばかりを伝えてしまいました。生徒は面談＝指導される場と思ったでしょう。その後，面談の中であまり話をしてくれなくなりました。

29 保護者との信頼関係を築く三者面談の事前準備

保護者と生徒，保護者と学校など様々な関係を知る貴重なチャンス

　ベテランの担任でも三者面談のことを考えると緊張したり，不安になったりすることも多いです。保護者から日々の指導のクレームを言われないだろうか，保護者からの質問に，納得する回答ができるだろうか，などなど。

　しかし，保護者の生徒や学校への思いを知り，また，担任の生徒への姿勢を伝え，信頼しあえる関係を築く契機となる大切な機会でもあります。そのことを意識し，事前の準備をきちんと行いましょう。

Mission ▶ 担任ミッション

Mission1 保護者の立場を考えて面談の日程を組む

　保護者は，仕事など様々なスケジュールがある中，三者面談に時間を割いてもらうことになります。日程を組むときには，生徒と保護者の希望にできるだけ添い，よほどのことがない限り，日程の変更は避けましょう。

Mission2 保護者からの話をふまえて伝えるべき内容の伝え方を考える

　三者面談では，まず，保護者にもしっかりと話をしてもらいましょう。生徒の家での様子や保護者の考えなどをしっかりと把握し，その上で，学業や生活態度などの伝えるべき内容の伝え方を考えてください。

Mission3 管理職や学年主任への情報共有も忘れずに

　三者面談で得た話には１人では抱えきれないものもあるでしょう。その場合は学年主任にも伝えましょう。教育活動はチームです。担任１人で抱え込まないようにしましょう。

Point 保護者の話とあなたの話との割合は７：３で

ベテランの先生からのヒトコト

　担任は，保護者に対しての学校の窓口であることを忘れてはいけません。三者面談では保護者からいろいろな質問があります。「こんな話を聞いたのですが，学校はどのようにお考えなのでしょうか？」と学校の考えを聞かれることもあります。その時には担任の私見を述べるのはなく，学校・学年の教育方針や教育目標はもちろんのこと，履修や習得に関する内容など日々の教育活動の諸規定を示して話をしてください。その場で答えられない場合は，一度質問を引き取って，担当部署と相談した後，後日電話等で答えるようにしましょう。知らないことを知っているかのように答えるのが一番よくないです。なによりも，三者面談の前は，学校について再度，保護者に説明できるよう，資料等の準備もしておくことが大切です。

 生徒からの意見

生徒Aさんから▸▸　成績や学校の様子を親の前であまり伝えないで欲しい。

意見への対応　▸▸　生徒によっては学校での状況を保護者に知られることを極端に嫌がる生徒もいます。その場合は，面談で生徒の気持ちも言えるよう配慮してください。そして，学校の様子を伝えないのではなく，伝え方を工夫するとよいかもしれません。「勉強はしているのですが，本人にあった方法を一緒に考えましょう」といったように。

やってしまった!! しくじり噺

■しくじり噺：言いたいことばかり伝えてしまった

　三者面談は保護者に生徒の様子を伝える絶好の機会と捉え，こちらの言いたいことばかりを伝えてしまいました。保護者の困惑した様子は今でも覚えています。面談終了後に学年主任に報告した際に，保護者が伝えたいことや聞きたいことをきちんと聞きなさい，と助言をいただきました。

30 成長に結びつける特別指導中の指導

> 「特別指導」は罰ではなく，生徒が新しい希望と目標を見出すチャンス
>
> 　自分のクラスの生徒が問題行動を起こしてしまった時には，担任にとっては
> とても辛いものです。担任として自分の指導不足を感じ，落ち込むこともあり
> ます。問題行動の内容によっては，「特別指導」が行われます。「特別指導」は
> 悪いことをした生徒に対する罰則ではありません。生徒が自らの行動を反省し，
> 将来に希望や目標をもち，充実した学校生活を送ることができるよう，支援す
> る教育活動のことです。「特別指導」には，学校長等からの説諭に加え，家庭謹
> 慎もしくは登校謹慎（学校内謹慎）等があります。

Mission　担任ミッション

Mission1 ｜ 生徒にとって一番の味方でいること

　担任の先生は常にその生徒の味方でありたいものです。その生徒を庇うと
いうことではなく，その生徒の成長のために，寄り添い，励ますことです。

Mission2 ｜ 生徒指導部，学年主任，学年団，部活動の顧問等との連携を

　特別指導の期間中は，担任だけではなく，様々な先生に関わってもらえる
チャンスでもあります。1人の生徒を担任だけで抱えて指導できるわけでは
ありません。チーム指導として，様々な角度からの指導は生徒には重要です。

Mission3 ｜ 保護者との連携も大切に

　特別指導の期間中は生徒だけでなく，保護者とも様々な話ができるチャン
スです。保護者も子育てをする中で悩んでいることや困っていることも多い
です。よりよい関係性を築き，一緒に育む姿勢で関わりましょう。

Point　担任1人ではなく，組織で対応しましょう

ベテランの先生からのヒトコト

　問題行動を起こしたことは1つの「失敗」です。生徒たちが失敗することを全く認めない教育というのは悲しいものです。その特別指導の期間に，寄り添い，向き合い，今まで伝えることができていなかったことなど，様々な話ができるはずです。保護者と共に，その生徒の成長に対しての新しい視点をもって見守っていきたいものです。

 生徒からの意見

生徒Aさんから ▸▸　（家庭謹慎中）先生，明日も来てくれる？

意見への対応 ▸▸　家庭謹慎では，定期的に担任や学年団，教科担任が家庭での学習状況を確認することがあります。私の経験では，ほとんどの生徒が，明日も来てほしいと言いました。反省し，これからすべきことを明確にするなどの一連の流れを1人で処理しきれないのだと思います。どんな場合でも，教育には安心が不可欠だと思います。オンラインでの対応も含め，生徒が安心できるよう精一杯声を掛けることが大切だと思います。

やってしまった‼しくじり噺

■しくじり噺：上手に反省文を書かせることがよい反省だと思っていた

　特別指導を受けているのだから，生徒にしっかり反省をしてもらわないといけませんが，担任がイメージする「よき反省文」を押し付けていました。例えば，反省文を書いても，反省が伝わってこない文章しか書かない生徒もいます。そんな反省文を読んで，ついつい「反省が足りない」と思ってしまいました。しかし，それは反省していないのではなく，そもそもうまく文章を書けない生徒でした。逆に，反省文が上手な生徒が深く反省しているわけでもありません。反省文の上手，下手としっかり反省しているかどうかは別の問題です。生徒の特性や個性を，担任として理解しておくべきでした。

31 よいイメージで締めくくる終業式

長期休業を控えて

　終業式での校長講話に加え，学校によっては生徒指導担当や学年主任からの連絡等，生徒たちにとっては話を聞くことにいささか食傷気味となる１日かもしれません。とはいえ，担任からは連絡事項だけを伝えて終わってしまうのは，生徒にとっても寂しいもの。クラスの出来事の振り返り等，担任ならではの話題を用いて，学校やクラスについてよいイメージを持たせて，暫しの別れを行いましょう。

Mission　担任ミッション

Mission1　長期休業後，自分が成長していることを意識させる

　長期休業中は，生徒が意図しなくても何か新たな体験をするものです。普段の学校生活とは違い，生徒それぞれが個別の体験をするからこそ，生徒それぞれに様々な可能性が広がります。自身の未来を切り拓くため，自ら進んで新たな挑戦を行う意識を，生徒に持たせておきたいところです。

Mission2　長期休業中も，学校とのつながりを忘れさせない

　長期休業中は，生徒自身でも思いもかけないような生活の変化や人間関係の変化が生じるものです。何かの時には，担任や学校に相談することもできるんだと意識させておくことで，生徒に安心を与えます。

Mission3　学力に課題がある生徒に対して

　事前に個別の面談を行うなどして，学習から逃避する気持ちを持って新学期を迎えることがないよう，伝えておきましょう。

Point　終業式はよい新学期を迎えるための大切な準備の日です

ベテランの先生からのヒトコト

　小学校では通知票などの形で，各学期の終わりに担任から個別のコメントがあることが一般的ですが，中学・高校となるにつれ，担任からの評価を聞く機会がなくなっていくのが実態でしょう。とはいえ高校生でも，誰かが自分を見てくれていることを知るのは，やはり嬉しいもの。学期末は教師にとって事務作業が多く，個別の面談はなかなかしづらい時期ではありますが，クラス全体に対してだけではない，生徒個別への声掛けなど，アプローチの機会を持つようにしておきたいところです。

 生徒からの意見

生徒Aさんから ▸▸　課題が多かったり補習もあったりして，長期休業も結局は自由に過ごせないのが残念です。

意見への対応 ▸▸　自ら学べる学力を持つ生徒にとっては，もっともな意見かもしれません。ただ，学校における一般的な生徒を対象として，必要な課題や補習が設定されているのは致し方ないこと。このような生徒の言葉を一般的な話と捉えず，その生徒が何をしたいのかなどの本音を聞き出す，よい機会だと考えて対応しましょう。

やってしまった!! しくじり噺

■しくじり噺：連絡事項を伝え忘れる

　学期末の連絡事項はやはり多く，連絡漏れが生じやすいです。日頃であればすぐに気付いて，次の日に連絡（現在では Web 配信も可能ですね）といった対応ができるのですが，終業式の日における連絡では，伝え忘れたことをかなり後になって気付くといったこともありました。ホームルームから戻って少しほっとしたところで，担任団内で何気ない会話を行い，伝え忘れがなかったかなどお互いに気付き合うことは大切です。

32 新学期への充電期間と捉える
長期休業から始業式まで

休みの解放感は「楽」だけでなく「苦」も連れてくる

　長期休業には，自分で操作できない「枠組（時間割・規則・評価等）の圧迫
や緊張」が緩む解放感を味わいます。自ら過ごし方をデザインして伸び伸びと
チャレンジできる楽しさがある一方，自分を内から支える力や生活環境によっ
ては，「素の自分に向き合う時間」が不安で苦しい時間になる可能性もあります。
温かい見守りと程よい距離の関わりを大切にしたいものです。

Mission　担任ミッション

Mission1　登校日（面談・補習等）の出欠状況の把握・対応を丁寧にする

　「欠席＝サボり・不真面目・意欲無し」といった決めつけはタブーです。
背景に多様な課題が絡んでいる可能性を頭におき，教員間で情報共有して慎
重かつ丁寧に対応すること。命に関わることがあってからでは手遅れです。

Mission2　主任・学年団・教科担当・部活動の顧問等と積極的に交流する

　定例会議や打合せが減る時期は，受け身で待っていては情報不足で適切に
動けません。日頃接点が少ない先生方とも積極的に交流してコミュニケーシ
ョンをとること。担任の対人関係の広がりは生徒への支援のリソースです。

Mission3　生徒と適宜コミュニケーションをとる

　「自由の尊重」と「放任・放置」は違います。生徒が困った時，安心して
頼れる人は多い方が安心です。押付けや過干渉はいけませんが，自立を妨げ
ない範囲で，何気ない会話（メール・電話も含む）でつながることも必要で
す。

Point　付かず離れず自己決定・自己責任の力の育ちを大切にしましょう

ベテランの先生からのヒトコト

　長期休業中は課題，新学期早々には課題考査があります。課題をこなして考査準備をし，その先に続く学校生活を見通して新学期を迎える重圧は相当なものでしょう。課題がはかどっていない，学校生活に不安を抱えている等の場合は尚更です。生徒が自身の健康を第一に，気負わず大らかなペースで新学期に臨めるよう配慮することが大切だと思います。

 生徒からの意見

生徒Aさんから ▸▸ 　何日も全員補習に来ていると，授業日と同じ感じがします。「休み」って呼ぶのは，おかしい気がします。

意見への対応 　▸▸ 　心の中では「同感！」と叫びそうになりますね。まず，生徒が訴えていることは「しんどい」「休みが欲しい」という気持ちや欲求を共感的に受けとめましょう。毎日６時間ということもないですし，教育課程外のため，演習履修・修得に無関係であること等の説明もしましょう。

やってしまった!!しくじり噺

■しくじり噺１：登校日に欠席した生徒が次の学期全く登校しなかった

　登校日に体調不良で休んだものの，その後部活動に参加していたので気にとめずにいました。家庭の経済事情で進学が難しくなっていたようです。

　積極的にコミュニケーションをとっていたら，直接経済的な支援はできなくても，不登校→中途退学を避ける何らかのサポートはできたと思います。

■しくじり噺２：始業式の後，無断早退して下校時に万引きで補導された

　体育館で集合係として整列・点呼をしていた学級委員の生徒が始業式後教室に戻らず下校していました。引き続きの課題考査では監督が担任ではなかったこともあり，無断早退とわかったのは帰りのＳＨＲです。その後，警察からの連絡で……。結果論ですが，出欠情報の共有の遅れが悔やまれました。

33 すべての生徒が輝ける卒業式の舞台づくり

晴れやかな出発の舞台。旅立つ主役の生徒が輝ける最高の舞台を設える

　卒業式は行事の中で最も厳かで晴れやかな行事です。担任団にとって３年間の苦労が報われる瞬間でもありますね。気持ちも昂ります。しかし，朝の連絡から卒業式後のホームルームまで１日の中で，伝えるべきことやすべきことは目まぐるしくやってきます。これも生徒のため。冷静に取り組み，主役である生徒にとって輝ける最高の舞台を設えましょう。

Mission　担任ミッション

Mission1　卒業式の準備をしてくださるすべての人に配慮と感謝を

　体育館の準備や，送辞の準備など卒業式の準備をしてくださる１，２年生の学年団に感謝し，卒業証書，卒業アルバム，記念品を準備くださる事務職員の方にも感謝の気持ちを伝えましょう。その姿勢もきっと卒業生に伝わります

Mission2　卒業式前に生徒の様子を確認する

　卒業式前のホームルームでは，出席確認，服装や頭髪の身だしなみ，荷物の整理，卒業式の流れの確認など，すべきことはたくさんあります。そのような中でも，日々のＳＨＲ同様，体調など生徒の様子も確認しましょう。

Mission3　一生分の「ありがとう」と「おめでとう」を生徒へ伝える

　卒業式後の最後のホームルームでは，出会うことが最後かもしれない生徒にメッセージを伝える大切な機会です。生徒への思いや卒業後のことなど，どのようなメッセージを伝えるのか考えておきましょう。また，教室に保護者が来られる場合は保護者への祝辞も忘れずに。

Point　３年間の思いと将来への希望を生徒に伝えましょう

ベテランの先生からのヒトコト

　卒業式後当日に生徒へ何かサプライズをしたい，と思う人もいると思います。特に初めての卒業生には全員に手紙を書いたり，記念のＤＶＤをつくったり，いろいろと考えたくなります。その気持ちは大切ですが，無理のない範囲で行いましょう。前日遅くまで準備をしたために，本番当日を寝不足で迎えました，となればもったいないですね。生徒はこれまでのあなたの頑張りや思いを理解してくれています。そう思って卒業式当日を迎えましょう。

 生徒からの意見

生徒Ａさんから ▶▶　クラスの中で私だけが進路が決まっていないので，卒業式に出ずに，次の準備をしたいです。

意見への対応　▶▶　進路先が決まっておらず，不安を抱えている生徒もいます。また，クラスの友だちとお祝い気分になれない，という気持ちもよくわかります。そのような時にこそ，「クラスの中にはあなたがいないことで寂しい気持ちになっている友だちもいるのでは」など相手のことを考えられるとよいね，と声を掛けてみましょう。不安な気持ちを理解しつつ，自分だけではないと考えさせるとよいかもしれません。

やってしまった!! しくじり噺

■しくじり噺：進路先が決まっていない生徒への配慮が足りなかった

　クラスのほとんどの生徒が，進路先が決まって迎えた担任としての始めての卒業式。進路先が決まっていない生徒もいたのですが，生徒からのサプライズもあり，有頂天になってしまいました。「将来は進学先や勤務先で頑張って欲しい」と配慮が足りない発言をしてしまい，進路が決まっていない生徒の表情が暗くなっていたことが忘れられません。

他人目線
→ p.42−43参照

時間割変更忘れ
→ p.50−51参照

クラスは公共的空間

→ p.80−81参照

中位層生徒の悩み

→ p.98−99参照

34　進学　志望校検討とスケジュール管理のノウハウ

「学校で自分を最もわかってくれる」と思われる存在に

　必ずしもよい結果につながらない進路指導。結果に関わらず「指導ありがとうございました」と言ってもらえるだけのことはしたいものです。機会を見つけて面談を重ね，生徒理解につとめ，「担任が学校で自分のことを最もわかってくれている」存在になりましょう。忙しくて時間がとれないですから，日番の生徒と面談することをルーティーンにするとよいでしょう。

Mission　担任ミッション

Mission1　生徒の「よい点」や「何ができる」から知る

　普段から生徒のよい点を見つけておいて，面談時にそのことを具体的に伝えるとよいです。先生はいつも関心を持って私のことを見てくれている，と感じてくれます。何よりも生徒を見る視力，生徒理解が高まります。

Mission2　大学（学問）を知る

　偏差値だけを見て「ここなら行ける」指導は論外。また，初めての街に旅するとそこの大学が気になって訪問してしまうこともあります。それでもその大学がわかるわけでもありません。進路指導は自分がよく知らないものを勧めている無責任な行為，との緊張感は常に持っておきましょう。

Mission3　世の中の仕事のことを知る

　世の中にどのような仕事があって社会が動いているかの知識を増やしましょう。消費者を対象とした企業とその仕事は見えやすいですが，多くの企業は企業相手の仕事です。教師自身が様々な仕事を知るようにつとめましょう

Point　スキマ時間と生徒を見つけたら面談をしましょう

ベテランの先生からのヒトコト

　世間から高校は進路実績で評価される現実があります。学年に属していると否が応でも強いピアプレッシャーを受け，その価値観を内面化しがちです。進路実績がふるわなくなると逆に生徒指導が大変になります。生徒指導で苦労するよりは進路指導で苦労したい，は教員の本音。少しでも有名大学に多くの合格者を出したいのは学校側の事情。そういう教員の本音や学校側の事情に呑み込まれて進路指導をしていないか，常に自己点検が必要です。

 生徒からの意見

生徒Aさんから▶▶　合格可能性40％とか60％とか言われても，私にとっては合格か不合格かのどちらかです。どう理解すればよいのですか。

意見への対応　▶▶　合格可能性の数字に一喜一憂しがちですね。合格可能性60％はこの学力の生徒10名が受験すれば6人合格することを示します（あなたの場合，同じ大学を10回受ければ6回合格する）。確率は試行回数が多い時に意味を持ちます。先生が指導に際して参考にする数字です。

やってしまった!!しくじり噺

■しくじり噺1：生徒の進路先をなくしてしまった

　進路を早く決めて安心したい気持ちから，実力よりかなり下の指定校推薦入試を志望してきた生徒。「一般でも合格できるよ」と断念させましたが，成績も伸びず，一般入試をすべて失敗。進路先がなくなりました。その時の成績でなく，成績の推移動向をよく見て判断，生徒の納得感を大切にすべきでした。

■しくじり噺2：外部企業の合否判定を鵜呑みにした指導で失敗した

　外部企業の判定は機械的な線引きなのでそのままでは使えません。大学ごとの受験者層の質の違い，問題傾向などを加味して難易を調整する必要があります。進路指導の先生のアドバイスに虚心に耳を傾けるべきでした。

35 進学　見通しをもった模試指導

生徒の目標を共に見つめ，未来をシミュレーションする模試指導

　生徒の生き方の理想や，具体的な志望校に合わせて，関連の進路先を広く熟知していることが大切です。それは，模試での志望校を選ぶ際に，どの大学のどの学科を選べば，自身の未来をシミュレーションしやすいか，模試結果から進路先を比較しやすいかを生徒と一緒に検討できるからです。もちろん，その生徒のゴールを知ることで目の前の目標も見えてきます。

Mission　担任ミッション

Mission1 ┃ 人生の長期・中期・短期の目標を考える

　目標も立てず，自身の習熟度をはかるために受験することも大切です。しかし，目標設定を行うことで，受験の方法も変わってきます。将来どう生きたいか（長期），どんな進路先がよいのか（中期），今はどれだけの学習理解が必要か（短期）など目標設定により，模試の振り返りの効果が上がります。

Mission2 ┃ 過去の問題を研究し，勉強すべき内容を明確にする

　各教科で過去の問題を研究し，どのような問題を解ける力が必要とされているのかを把握しておくことが大事です。模試の問題を解けることが目的ではありませんが，つけなければならない力を明確にする必要があります。

Mission3 ┃ 振り返りを丁寧にさせ，次の授業・模試に向かわせること

　生徒は受けたら終わりにしてしまうことが多いです。模試は，受けることより受けた後の振り返りが大切です。模試の結果の見ないといけない部分を指導し，授業や次回の模試，入試に向かわせることが大切です。

Point　生徒と教員で見通しを立て，すべきことを明確に

ベテランの先生からのヒトコト

　学校現場にいると，模試の結果が重要と考える教員も多いです。そのため，模試だけに向けた指導をしたり，模試に間に合わせるために授業展開を行ったりしがちです。また，生徒も，模試の結果だけに一喜一憂し，結果を見ることで終わってしまう生徒も多いです。結果だけではなく，それまでの学習プロセスや，目標の立て方，自身の正答，誤答の傾向などをよく考察し，次回の模試までにすべきことを指導することが必要です。まず担任が見通しをたて，生徒の学習を共に考えることができたらよいですね。

 生徒からの意見

生徒Aさんから▸▸　模試に向けてどのような勉強をしたらよいかわかりません。何をしていたらよいですか。

意見への対応　▸▸　「実力テスト」と同じで，今の自分の習熟度を測るための機会だと捉えている生徒もいます。しかし，模試は，大学入試で最良の結果を出すための手段の1つでもあります。現時点で自分の目標にあった進路先に必要な学力に到達しているのかを前の模試の結果から明確にします。到達していなければ，なにを準備したのか，自分がやってきた準備がどのように解答につながったのかを検討してみましょう。

やってしまった!! しくじり噺

■しくじり噺：模試の結果を出すため個々の生徒を把握できていなかった

　模試が近づいてくるとクラス全体の結果を高めることに意識がいってしまい，生徒一人ひとりの気持ちに寄り添うことが疎かになってしまいました。模試対策も学習活動では重要なことですが，それも，生徒の心身の健康があってのこと。過度にボーダーラインを意識させすぎて，模試を受けること自体を難しくさせてしまったこともありました。

36 進学　応募書類の書き方と注意点

生徒からの情報（ネタ）集めが必要，観察と情報収集を

　受験に際し大学側へ送付する書類は種々あります，調査書，願書，推薦書，自己推薦書（志望理由書），受験料納付証明書等です。これらは受験する学校や受験方法によって異なります。教師が準備しなければならないのは調査書（これは全員必要で，様式も統一されています）と推薦書です。推薦書は記名だけのものもあれば，長い文章表記が必要なものもあります。個々の生徒について語れるだけのネタを収集していなければ書けないので要注意です。

Mission　担任ミッション

Mission1 | 調査書

　1，2年生の担任が記入した指導要録をもとに作成します。学習や特別活動の様子などを記入します。受験時期が早い生徒もいるので，夏休み中には全員分，完成させておきます。校印も必要なので，起案は出来るだけ早く余裕を持って行いましょう。厳封して生徒に渡します。

Mission2 | 推薦書

　生徒が入手した願書一式の中に含まれている場合，もしくは大学のHPからダウンロードしなければならない場合があります。どちらにしても，推薦で受ける学校が決定したらすぐに用紙を預かり，提出締め切りを確認します。

　こちらも校印が必要ですので，早めに準備します。調査書と同封し，厳封して生徒に渡します。

Point　調査書，推薦書共，校印等の時間も考慮し，早めの作成を

ベテランの先生からのヒトコト

　出願の書類作成は担任業務の中で一番神経を使う仕事です。何度も確認しながら進めていきましょう。推薦書については，生徒の長所を余すところなく書いてやりたいので，日頃の生活態度の観察はもちろん，教科担当の先生や，部活指導の先生からその生徒の様子を聞いておくと，その中から書くネタが見つかったりします。また，生徒自身が書く，自己推薦書も生徒がなかなか書けないのが実情です。この書類の添削に一番時間がかかります。そのため，教師の書く，調査書や推薦書は出来るだけ早く仕上げておくのがよいでしょう。

 生徒からの意見

生徒Ａさんから ▶▶ 　必要な書類を入れ忘れて願書を提出してしまった。大学に問い合わせても，もう受験できませんと言われてしまった。どうにかなりませんか。

意見への対応 ▶▶ 　大学は受け付けてはくれないと思いますが，進路指導部に相談し，一度は進路指導の先生，または校長先生から大学側に聞いてもらうようにはします。受験資格が与えられないのは残念ですが，長い目でみれば，生徒が社会を知るよい機会です。次にこのような失敗をしないよう，そして，切り替えて次に進めるよう指導してあげることが大切です。

やってしまった!! しくじり噺

■しくじり噺：調査書と生徒の書いた願書とで住所が違っていた

　調査書に記載の住所と，生徒の書いた願書の住所が違っていると大学から連絡がありました。確認してみると，番地が調査書は「○○○番地の○」願書は「○○○－○番地」となっていました。「そんなことぐらい！」と思いながら，書類を新たに作り直し，再送しました。書類は隅々まで確認を！

37 進学　生徒に寄り添った面接指導

面接指導は自分の姿を客観的に見つめる時間

　進学先への面接では，ほとんどの生徒は緊張することに間違いありません。選んで欲しい相手を前に，自分の思いを語るのですから無理もないでしょう。どのように自分の思いを伝えるのが効果的なのか，面接指導でしっかりと生徒に伝えたいものです。そのためには，担任が生徒の特徴や面接時のクセなどを捉え，生徒にアドバイスできるようにしましょう。

Mission　担任ミッション

Mission1　進学先の情報やアドミッション・ポリシーを把握する

　生徒が進学先の情報を把握するのはもちろんですが，担任も把握する必要があります。進学先の Web サイトやパンフレットなどを用いたり，生徒本人や，進路指導部の先生などから聞いたりして，どのような生徒に入学して欲しいのか（アドミッション・ポリシー）を知っておきましょう。

Mission2　面接の前に生徒の進学先に伝えたい思いを整理させる

　面接指導を本番のようにいきなり始めても上手く伝えられません。まずは生徒に志望動機，高校での学び，専門分野の知識，入学後の取組についてまとめさせましょう。回答の内容を事前にチェックしておくのもよいでしょう。

Mission3　面接練習は，生徒が接していない先生にも依頼する

　面接指導は，担任や学年，進路指導の先生が中心です。練習を重なると，互いに慣れが生じてしまいます。いろいろな視点からの指導のために，生徒があまり接していない先生にも面接練習の依頼をするとよいでしょう。

Point　自分のことと，進学先への強い思いの両方が伝わることが大切です

ベテランの先生からのヒトコト

　面接指導では，成績がよい生徒が上手に話せる訳でも，素行のよい生徒がよい印象である訳でもありません。普段の学校の様子で判断をしてしまうと，「もっと上手くできるはず！」と生徒にプレッシャーを与えてしまいます。特に，集団での面接指導では，他の生徒とついつい比較して指導をしてしまいます。誰にも代えがたいその生徒のよい面と，進学先で何をしてみたいのかが，伝わることが大切です。生徒には，誰かの真似ではなく，自分の言葉で，自信を持って答えられるように面接指導の中で言葉掛けしたいものです。

 生徒からの意見

生徒Aさんから ➤➤ 　自分が希望していない大学を受験することになってしまいました。面接の時，どのように答えればよいかわかりません。

意見への対応 ➤➤ 　まずは，希望していない大学を受験することになった生徒の思いを受け止めましょう。受験する学部や学科等は同じであれば専門分野の知識を活かすこともできます。また，受験先の大学の情報から，そのよさを一緒に考えるなど，生徒に寄り添う姿勢が大切になります。

やってしまった‼しくじり噺

■しくじり噺1：担任として準備不足のまま面談指導をしてしまった

　生徒にとって，面談指導は貴重な練習の機会です。しかし，忙しさにかまけて十分な準備ができないまま，面接練習等の指導を行ってしまいました。生徒にもよい助言をすることができず，結果も伴いませんでした。

■しくじり噺2：厳しい意見を言いすぎて，生徒が泣き出してしまった

　面接指導の中で「もっとよくなって欲しい」との思いで厳しい指導になり，生徒が泣き出してしまいました。よいところを褒めるとともに，「こうしたらどうだろう？」という提案型の助言をすればよかったと猛省しました。

38　進学　生徒の魅力を伝える推薦文の書き方

> **すべての生徒を推薦するという視点で日常生活を観察**
>
> 　大学，短大や専門学校には推薦入試制度があり，推薦書に，当該生徒を推薦する理由を書きます。かつては生徒会や部活のことを書くことが多かったのですが，最近は課題研究や探究学習の成果，個人の活動を含めて記載するようになりました。成果や結果だけでなく，結果に至るまでのプロセスでどのような成長を遂げたかや，その成長過程での学びが進学先の学びに本生徒はどのように生かせるのかが推薦文のポイントになります。

Mission　担任ミッション

Mission1 | 生徒が何に取り組み，そこから何を学んだか

　生徒が学習活動において他者にはない「強み」をつくる場としてのクラス環境を考えることも教員の役割です。日常の経験から何を学び，次に活かそうとしているのかを見出す視点で一人ひとりを見つめることが大切です。

Mission2 | 課題研究や探究活動から生徒の独自性を見出す

　最近だと，課題研究や探究活動で何を問えたか，どのように遂行したかも重要視されています。もちろん，つまずくことや失敗することも多いです。自身の失敗を新たな課題とし，どのように解決するかが，大学進学後や社会進出後に，必要な経験となります。

Mission3 | 進学先が求める生徒像がどのようなものかを確認すること

　大学や専門学校のアドミッション・ポリシーから，どのような生徒を求めているのか把握した上で生徒が何を学びたいかを考えさせることが大切です。

Point 　**日常生活から生徒の魅力をしっかりと見つめることが大切です**

ベテランの先生からのヒトコト

　生徒には，何かに取り組める環境を与えられるような手立てが必要です。一人ひとりが自信をもって，やってきたことを伝えられるような育みも大切です。そのために，生徒に寄り添い，助言し，その努力や経験のすべてを受容するホームルームの存在も重要となります。生徒が取り組んだことを推薦書に書くだけでなく，生徒の活動したことを，集団や他者との関係から何を学んだのかを，面接でも生徒自身で表現できるようにすることが大切です。

 生徒からの意見

生徒Ａさんから➠　課題研究（や探究活動）のテーマが決まりません。どうしたらいいですか。

意見への対応　➠　ネットで誰かが問題視していることではなく，日常生活での違和感をたくさん導きだします。そして，自分だけにしか感じられなかったことや，自然や社会への理想がどんな小さいことでも独自性と呼ばれます。その小さな違和感や理想を他の人や社会がどのように考えているかを調査する過程で，自分の生き方へと変わる場合もあります。一方，自分の進路や職業に関する内容やアドミッション・ポリシーからテーマを考えることもあります。

やってしまった!!しくじり噺

■しくじり噺：評定平均を確認することを遅れてしまった

　生徒が推薦入試などを受験する際に，進学先から提示される評定平均を満たしているかを確認する必要があります。しかし，評定平均を確認せず，間違いなく基準に達していると思い込んでいました。しかし評定平均の基準を満たしていないことが発覚し，高校の推薦会議の前になって，志望校を変更せざるをえなくなり，生徒にも保護者にも辛い選択をさせてしまいました。

39 就職　就職先の検討とスケジュール管理

人生最初の就職のために

　正社員として内定をいただくために就職試験に臨むことはほとんどの生徒にとって，人生最初の経験でしょう。さまざまな職種や業種を学ぶ機会などもそれまでにあると思いますが，どこか他人事であることがほとんどです。そのため，時期が来ると求人票を見るのも初めての中で，限られた期間内に自分の希望に沿うものを探すだけで就職先を決定する生徒も少なくありません。

Mission　担任ミッション

Mission1　前年度の就職進路状況の把握

　生徒の立場に立てば，就職先の検討は初めてのことですが，学校としては毎年同様のことが起こっています。個人面談を進めていくためにも過去の情報の把握はとても役に立ちます。

Mission2　早めから個別の対話をこまめに

　全体として進路指導を進めていくのは組織で行われることが多くあり，生徒らにとっても多くの情報量となるでしょう。就職先を検討するまでに，生徒の考えていることを聞き出すための対話を積んでおくことが大切です。

Mission3　保護者と連携して支援体制を

　就職先の検討，スケジュール管理は生徒の主体性をもって進めていきたいものです。保護者と連携して支援体制を整えるために，通信や連絡票，電話連絡などを活用して情報共有を確実にしていきたいものです。

Point　生徒へのインプットは組織で，アウトプットは個別にこまめに

ベテランの先生からのヒトコト

　高卒での就職先の検討については，各学校の特性や生徒の実態によって進路希望に対する意識に違いがあり，就職希望に至るまでの経緯も様々です。生徒の主体性の欠如や，保護者の意向によっては，困難なことが生じ，就職先の決定まで時間が必要となります。求人情報の公開から志望する企業の決定までのタイトなスケジュールを考慮すると早めの取り組みがとても重要です。

 生徒からの意見

生徒Aさんから ➡　私は，○○の業種に興味があるのだけど，親からは反対され，違う業種を勧められてどうしたらよいかわからない。

意見への対応　➡　生徒の希望を尊重したい気持ちはあるのですが，このような場合，保護者の方の本意が生徒に見えていないことが考えられます。また一方で生徒の熱意を保護者に伝えられていないことも考えられます。双方の思いをわかり合える支援が必要だと思います。しかし，どちらかに偏重することのないように進めたいものです。

やってしまった‼しくじり噺

■しくじり噺１：校内選考後に求人情報の見落としに気付いた

　多大なご迷惑をおかけしました。生徒からの希望を受け取る際に余裕がなく確認を怠ったためです。校内期日の前に担任提出期日を設定しておけばよかったです。

■しくじり噺２：夏季休業中の連絡を甘く見ていた

　当該生徒の登校が必要になるかもしれない日の予定を空けておく指示を曖昧にして言いました。連絡すればいつでも来れるだろうと甘い思い込みでおり，結局，日程が最後まであわず迷惑をかけてしまいました。

40 就職　説明会，ガイダンス，適性検査に臨む
心構えと準備

就職後の生徒の姿を共にイメージする

　就職説明会やガイダンスは，企業の説明を聞いたりする場であると同時に，未来の生活環境で自分がどのように豊かに生きることができるかというイメージをつくる場でもあります。高校での３年間の所属と異なり，長い場合は，20年，30年と勤務する企業と出会うこともあるでしょう。それだけに，就職説明会や就職のためのガイダンスは，生徒は人生をかけて臨んでいます。そのため，少しのことで，必要以上に神経質になる生徒や保護者もおられます。卒業後，懸命に働く生徒の姿にも寄り添うよう言葉をかけたいものです。

Mission　担任ミッション

Mission1　企業の思いや願いを考え，自分の夢も考える機会とする

　企業からの就労の条件や，勤務の状況，給料などを個別に聞く場合もあります。その時，就労の条件は，「休みが○日ある」という話でなく，企業の夢や理念を達成するための方法であることを理解させます。そして，企業の夢は自分の夢としても受け入れられるか考えます。

Mission2　説明会やガイダンスの内容を網羅する十分な予習

　説明会に参加くださる企業について，予め知っておくことも大切です。十分に調べてきたからこそ生まれる「もっと知りたい」があるはずです。人気の企業は，みんな準備を念入りにしてきます。だからこそ，その上を行く努力が必要だということを理解できた生徒は，説明会の段階で既に輝いています。

Point　自分の夢と企業の夢を考える機会です

ベテランの先生からのヒトコト

　学校外の方で，「職業人」と出会う最初の機会になる生徒も多いです。これは，地域の方との交流とは異なります。これから社会人として生きるために，場合に合わせた礼節，服装，振る舞いの必要性も含め，社会の中で1人の人間として生きていくことを多くの生徒は初めて実感します。説明会やガイダンスが終わった後でもう一度，仕事をすると何ができるようになるのかを一緒に考えてみるのもよいかもしれません。

 生徒からの意見

生徒Ａさんから ▸▸　どうすれば，企業に気に入られる人になれますか。

意見への対応 ▸▸　企業に意志はありませんので，企業が気に入ったり，気に入らなかったりすることはありません。誰かに気に入るような生き方をすれば，別の誰かにとってはどうでしょうか。気に入られる存在になるのでなく，どんな人であっても，大切に思える生き方をすることが，どのような職業についても，「大切にされる存在」になるのかもしれません。

やってしまった!! しくじり噺

■しくじり噺1：進路指導部におんぶにだっこ

　研究会があり，時間がとれず，進路指導の先生に就職説明会での対応を任せていました。しばらくして，生徒が，「先生は私の進路に興味がないからな」と会話の中で話をしていました。特に，不安な時期だと，なおさら，担任としての言動がいろんな気持ちを増長させるのだと感じました。

■しくじり噺2：就職活動を戦略ゲームの様に話をしてしまった

　就職指導で企業に自分たちの第一印象を与えるガイダンスが「初戦」であると話をしました。ベテランの先生から，就職希望先は攻略する敵ではなく，これから共に生き抜く仲間として考えることも大切だと教えられました。

就職　応募書類の書き方と注意点

生徒と社会とのつながりを感じる第一歩

　就職のための応募書類は教師が準備する調査書と生徒自身が書く履歴書の2つが主な書類です。履歴書を書く作業は生徒が就職するにあたって最初に越えなければならない大きな壁です。先生以外に提出する公の書類ですから。「御社」などの聞き慣れない言葉も使いこなせなくてはなりません。しかし職種との適性を探りながら志望理由を考えることは生徒にとって自分自身を深く見つめる機会ともなります。

Mission　担任ミッション

Mission1　応募書類は納得のいくものを仕上げる

　就職の応募書類は，相手企業とのファーストコンタクトとなります。志望理由の内容は勿論，文字の丁寧さなどからもその人物を推測されます。できるだけ美しい形で書かれたものを提出させます。そのためには，下書きの段階で必ず担任が確認し，その後，時間をかけて，丁寧に清書させましょう。間違えたら，何度でも書き直しをさせる覚悟で。

Mission2　面接試験も考慮した調査書を作成する

　進学用の調査書と違い，就職用の調査書は担任の記入欄が狭いですが，その中に生徒のよさを伝えられる文章を書きましょう。また，就職試験に面接は必須ですので，書類に書かれたことから質問されることがあります。調査書を見せることはありませんが，自分の書いた内容を生徒に伝えておくと，生徒も前もって答えを考えておくことができます。

Point　社会へ出て行く心構えを生徒に伝えられたらよいですね

ベテランの先生からのヒトコト

　進学指導と違って就職指導は短期間ではありますが，生徒にとっての高校生活での最も濃密な時間を共有出来る楽しい時間です。企業の経営理念や業績などを調べたり，その企業が社会で果たす役割などを知ったりする中で，自分もそうした社会の一員になるんだという自覚が生徒に生まれます。一方で，学校という守られた社会から，自分の甘えが通用しない大人の社会へ踏み出す不安を感じたり，志望理由が書けなくて，面接練習で上手く話せなくて泣き出したりする生徒もいます。しかし，履歴書の作成，面接練習，就職試験，合格に対する礼状書き，これらの一連の流れの中で，生徒が大きく成長する姿を見ることが出来ます。それぞれの生徒と二人三脚で取り組んでいきたいですね。

 生徒からの意見

生徒Aさんから➤➤　高校を卒業したらどうしても働きたいので公務員と企業の両方を受験したいのですが，いいですか。

意見への対応　➤➤　公務員と企業の就職への併願は出来ないことを伝えます。企業は学校を通じて求人を送ってくれているので，合格すれば必ずその企業に就職しなければなりません。だから公務員との併願は出来ないことを理解してもらいましょう。

やってしまった !! しくじり噺

■**しくじり噺：就職活動での担任からの評価を伝え方で失敗**
　履歴書に書かれた志望理由があまりにも支離滅裂で，「これでは絶対合格できない」と言い放ってしまい，生徒を意気消沈させてしまいました。学年主任のフォローでどうにか立ち直り，受験までこぎ着けました。

42 就職 心から育てる面接指導

生徒が社会に向けての初めてのメッセージ

　多くの生徒にとって，就職の面接指導は今までに経験したことのない関門となるのではないでしょうか。学校の関係者ではない社会の大人を前にして，初めて，自分は何者であるのか，社会にとって自分とは○○であると公式に宣言する場でもあるからです。12年間の学習活動の中で，自分が社会の中でしたいこと，すべきことを明確にする力をキャリア教育で育みたいものです。このことは，延いては，就職後の離職を防ぐことにもつながります。

Mission 担任ミッション

Mission1 自分自身のことをわかろうとする時間をつくる

　自分のことくらいわかっていると思いがちです。しかし，いざ言語化すると，上手く言えないということも少なくありません。自分が自分について，どれぐらい話ができるか，生徒に整理させる時間をとることが大切です。

Mission2 社会で自分が活躍することへの憧れの気持ちを育てる

　特定の企業に入りたいという気持ちも大切ですが，社会でどのような存在や生き方をしたいのかという社会への憧れの気持ちも大切です。卒業した先輩との座談会，インターンシップなどでイメージが持てるとよいですね。

Mission3 自分や家族，社会への誠実さを育む

　本番の面接では緊張してミスをすることもあります。ミスをしたときにこその振る舞いや所作が問われます。これは，入社後社会で生きる残りの人生すべてで言えることです。自分や，家族も含めて誠実な生き方が大切です。

Point 表面的な振る舞いではなく，心から育てることが大切です

ベテランの先生からのヒトコト

　就職面接において，礼節やマナーを知っておくことは大切です。しかし，なぜそのような振る舞いをするべきなのかを理解している生徒と，理解せずに言われた通りにやっている生徒とでは決定的な差があります。就職指導は就職が目的ではなく，社会人として，就職後何十年も働くための準備をすることが目的であることを忘れず，心構えから育てる時間にしたいですね。

 生徒からの意見

生徒Aさんから　▶▶　質問に上手く答えられていない気がして，声が小さくなったり，途中で涙が出たりしてしまいます。

意見への対応　▶▶　面接で緊張したり，不安になったりすることは決して悪いことではありません。むしろ，それも誠実さの１つの表れだと思います。無理に自分をよく見せようとするのでなく，緊張して，うまく言葉がでないことも含めて，その企業に入りたいという思いを，素直に伝えることを心掛けましょう。

やってしまった!! しくじり噺

■しくじり噺１：悪いところを指摘するのではなく改善策を

　話すとき上を見る癖が生徒にあったので，指摘して直すように指導したら，気にしすぎて上手く話せなくなってしまいました。先輩教員から「相手のネクタイを見て話すように言うだけでよかったかもね」と，後日ご指導いただきました。

■しくじり噺２：何を話すかではなく，どのように話すかに傾注すべき

　面接練習で，志望動機や自分の長所・短所，将来の夢，高校で学んだことなど暗記した内容を一語一句再現するような面接練習をしたため，面接の本番で「よく覚えてきたね」と言われ，不調となってしまいました。面接担当者とまず，対話することができるように支えるべきだったと反省しています。

就職　インターンシップの事前，事後指導

就職先検討の側面と，キャリア教育の側面と

　事業所におけるインターンシップは，就職希望者には全員が参加すべき事業であり，それ以外でも1人でも多く参加させていきたい事業です。事前指導においては，主体的で意欲的な活動とするためには生徒の内面から動かすことが最も効果的であるので，希望する業種・職種に絞って参加させたいものです。しかし，そこで希望を固めて視野を狭くすることでもなく，体験を通じてキャリア教育を進めていく事後指導も大切です。

Mission　担任ミッション

Mission1　参加希望調査を受けて面談

　事前指導として，組織的に生徒へ説明がなされると思いますが，参加に関する希望調査等が行われた後に，各生徒のそれまでの進路希望調査と照らして必要に応じて面談をしていきたいものです。

Mission2　出欠状況や緊急対応，事業所訪問

　体験参加の数日間，緊急の対応が生じた場合には担任はその窓口となります。事業所を訪問した際には，生徒の学校とは違う表情をみることができます。これは生徒の学びの証であり，その後の指導のヒントになります。

Mission3　主体的なキャリア教育のための事後指導

　インターンシップの成果は担任として就職先の検討までに，生徒の意思を引き出すための糸口となるのは間違いないでしょう。事後指導での声掛け等から気になる様子を記録しておくのはよいかもしれません。

Point　教師と生徒の関係性からだけでは見られない一面を大切に

ベテランの先生からのヒトコト

　キャリア教育を進めていく重要な一場面であり，就職希望者にとっては就職先検討に直結していくような側面もあります。担任としては，いずれにしても生徒の活動の跡はすべて，一人ひとりの生徒による決断を引き出すための一助となります。「その生徒の答えはその生徒の中にある」思いを持っていつも生徒の気持ちを身近に感じておきたいものです。

 生徒からの意見

生徒Aさんから▸▸　まだ自分が何になりたいか，どんな仕事をしたいかはわかりません。それでも体験に参加しなければいけませんか。

意見への対応　▸▸　全体での事前指導だけでは視野を広げて理解できなかったのか，今現在だけのこの生徒の思いの話に引き込まれそうです。参加を推奨される（就職希望者等）生徒であれば，論点を変えて参加の意義を噛み砕いて話したり，柔軟に考えてもよい安心感を与えられる話をしてみたりしてはどうでしょうか。

やってしまった!! しくじり噺

■しくじり噺1：生徒の事情を考えず事業所の希望を急かしてしまった

　希望調査の提出を促す際に，ただ忘れていた生徒らと事情の相談を受けていた生徒を同じように指導してしまい，ショックを与えてしまいました。後で主任の先生にも助けてもらいながら何とかフォローすることができました。

■しくじり噺2：参加事業所の変更希望を伝え忘れた

　初めての担任の時にやってしまいました。進路指導部の計らいで生徒の希望はかなう形になりましたが，多方面に迷惑がかかることを厳しく指導いただきました。

44 多様化する中での効果的なキャリア教育

コンテンツからコンピテンシーへ

　かつては「就きたい職業（なりたい自分）」を思い描かせて，そのために「何を学べばよいのか」「どの学部がよいのか」と逆算して学ぶべき知識（コンテンツ）を意識させるのがキャリア教育でした。それが「いまは存在しない仕事に就き，いまは存在しない技術で，いまは存在しない課題に立ち向かう」能力，態度など（コンピテンシー）の重視に変わりつつあります。

Mission　担任ミッション

Mission1　学ぶことを自分ごとと捉えさせて，意欲を育む

　就職でなく就社とされた日本独特の雇用環境も変化。ただそれも変化を免れない先行きの不透明な時代です。「キャリア」を狭い意味に職業に限定して捉えるのではなく，不確実な未来に「生きること」と捉え，学ぶことを「自分ごと」と捉えさせて，学ぶ意欲を育みたいものです。

Mission2　過去の経験が役に立たない時代の「先生」の役割の探求

　先生は「先に生まれた」ことで先取りした経験を伝える利点が無効になりつつあります。リスキリングで教師自らをアップデートしていくことで職業人としてのロールモデルを示すことが求められています。

Mission3　キャリア指導の一部としての進路指導

　「進路指導」はあくまで出口指導で，キャリア教育という大きな枠組みの中で考えさせる必要があります。あくまで生徒のこれからの生涯を見渡したキャリア指導（支援）の一部に携わっているという意識を持ちましょう。

Point　生徒の全生涯を見渡した助言が大切です

ベテランの先生からのヒトコト

　年配者の経験が役に立たない時代になっています。ことキャリア教育では「ベテランの先生のヒトコト」が時代遅れになりがちです。急速なＩＣＴ教育の展開に，対応しようとする意欲が感じられない年配の先生の語ることに説得力はないと自覚しています。ただこれまで蓄積されてきたことが受け継がれなくなるのは残念です。ヒトコトでなくヒトリ繰り言になってしまいましたが，若い先生方には，何からでも学ぶ，という姿勢を持ってほしいです。

 生徒からの意見

生徒Ａさんから ➡ 　親が手に職をつけること，資格を持つことを強く勧めてきます。文学部に進学しても役立たないと耳を傾けてもらえません。

意見への対応 ➡ 　社会に余裕がなくなり実学指向が強まっています。社会に出たら学べないことを大学で学ぶという考えもあります。このことに説得力をもたせるのはあなたの熱意です。学費が自宅購入に次ぐ大きな出費。でもあなたのご両親ならきっと納得してくださると思いますよ。

やってしまった!! しくじり噺

■しくじり噺１：１年次での文理分けが強引すぎて恨みを買ってしまった

　文理系とも40人単位としないとクラス編成ができない現実を前に，無理に理系を勧めたり，断念させたりしました。その結果，文転したり，「先生に人生を決められた」と恨んだりする生徒をつくってしまいました。この生徒は数学ができないから理系は無理とわかったとしても無理強いは駄目です。

■しくじり噺２：かけた準備の割に不評だった職場訪問

　職場訪問は高卒就業者の早期離職などが問題化した頃に始められたプログラム。見直しが必要だったのに実施してしまいました。新しいプログラムは時限を決めて実施すべきかも。意義ある試みも行事化すれば形骸化します。

45　3つのリスペクトでつくる道徳教育

学校を誰もが大切にされる空間に

　3つをリスペクト（尊重する）—自分をリスペクトし，他者をリスペクトし，ルールをリスペクトする。クラス，学校をそのような空間にしなければなりません。教師が生徒を叱るのは，生徒が自分，他者を大切にしていない，ルール（規則）を大切にしていない時。最後のルールとは私たちを縛るものでなく，私たちを守るものです。ルールを守るとは自他を守ることです。

Mission　担任ミッション

Mission1 | リスペクトを欠いた時に叱る

　生徒を感情にまかせて怒ってはいけません。リスペクトが見られない時に叱ります，と生徒，保護者に伝えましょう。具体的には怠業，他者へのいじめ（いじり），ルール違反時。そのためにルールの不断の見直しが必要です。

Mission2 | 人権学習のイメージを変える

　生徒が人権学習を「正しいこと」を忖度して発言する時間と誤解すると，内容は形骸化，時間が早く過ぎることだけを考える時間となります。人権が尊重される空間は誰にとっても過ごしやすい空間で，そのような空間を創造していくワクワクする時間にする学習であると伝えましょう。

Mission3 | いじめは許さない—強いメッセージを繰り返す

　クラスという精神的に強い同調圧力，また物理的にも大変密度の高い空間で生徒はストレスを感じています。教師の眼が届かない休み時間が生徒にとっては不安な時間。誰もが安心できる場とすることがクラス担任の責務です。

Point　自分，他者，ルールがリスペクトされる教室空間をつくりましょう

ベテランの先生からのヒトコト

　生徒が単なる「いじり」と考えていることも「いじめ」になると普段から
口酸っぱくするベタな指導が大切。「もう高校生なのだから言わなくてもわ
かっているだろう」は指導の放棄です。黒板など教室内の落書きには特に注
意して，問題ある書き込みが放置されないように，なにより何気ないことに
「問題」を見ることができる人権意識を研ぎ澄ますことが求められます。

 生徒からの意見

生徒Ａさんから➡➡　中学までは「特別の教科　道徳」があったのだけど，ど
　　うしてそれが高校では人権学習になるのですか。

意見への対応　➡➡　戦後教育を受けた人々の道徳心の弛緩─キレやすい高齢
　　者を筆頭に若年層のいじめなどが憂慮され，小中学校で道徳が教科化され
　　ました。ただ集団内での支配的な規範である道徳は，集団外にも通用する
　　普遍的な人権と微妙な関係にあります。高校では人権を取り上げます。

やってしまった‼しくじり噺

■しくじり噺１：「あの時は何も言わなかったのに」と責められた

　生徒はダブルスタンダードに敏感。先生が何を言った（とがめた）かだけで
なく，何を言わなかった（とがめなかった）かをよく観察しています。「あの子
が同じことをした時は何も言わなかったのに」と言われて困りました。

■しくじり噺２：「話を聞いてほしかった」気持ちが読めなかった

　突然，生徒から立ち話的にアドバイスを求められて「○○したらいいんじゃ
ないの」と何気なくアドバイスしたことが大ごとに発展しました。先生が自身
の考えを伝えるより，まず「あなたはいまどう思っているの」と聞き返すべき
だったと深く反省しました。

46 学びの成果を発揮する課題研究

学力の三要素を意識する学習活動

2022年度より学習指導要領が新しくなり，学力の三要素（基礎的な知識及び技能，思考力・判断力・表現力，主体的に学習に取り組む態度）で生徒の学びを捉えるようになりました。課題研究は各授業の学びの成果を発揮する大切な学習活動であるとともに，生徒が自身で学習成果を測る貴重な機会でもあります。

Mission 担任ミッション

Mission1 課題研究の担任としての関わり方

学校により担任の関わり方は様々で，自分のクラスの生徒がどのような活動を行なっているか，知らないまま卒業を迎えることもあるかもしれません。そのような場合でも，生徒との面談の機会を通じて，状況を把握しようとすることが必要です。生徒にとって，担任への説明（アウトプット）をする機会は，自らの学びを見つめ直すことにつながるでしょう。

Mission2 生徒が学びで社会と自身をつなげるための外部との調整

生徒が学校外の方々に学びの支援を受けることは，課題研究の過程として望ましいことです。生徒によっては，気軽に外部と連絡を取るかもしれませんが，場合によっては，研究の趣旨や成果発表の範囲やその方法を，明確にすることを求められることもあるでしょう。もしかすると生徒個人ではなく，学校としての依頼文書が必要となる場合もあるかもしれません。そのような手続きについて，備えておくことが必要です。

Point 学力とは何か，教師として考え直す機会でもあります

ベテランの先生からのヒトコト

　課題研究の趣旨からすると，生徒の学習活動に対する教師の関わりは最小限にするよう意識する必要があります。ただ，生徒の頑張りを目にするほど，教師として関わりたくなることも事実です。そんなときには，生徒の研究成果ではなく，学びの過程，研究過程が大切であることを肝に銘じ，時には研究にとって回り道となるような道筋を示すことも心掛けましょう。

 生徒からの意見

生徒Aさんから▸▸　自分ではおもしろい課題だと思っているものでも，先生が反対して，結局自分のしたいことができません。

意見への対応　▸▸　生徒が課題研究にかけられる時間等がある程度決まっているため，成果を出せる課題を設定するよう指導するのは致し方ないことです。ただ，生徒のやる気を失わせないよう，生徒の意思を尊重した代替案を示すことも，時には必要になるでしょう。

やってしまった!! しくじり噺

■しくじり噺1：教師が求めるレベルが年々高くなる

　何年か担任を経験して，他の学年の様子も知ってしまった結果，似たような課題研究を生徒が設定したときに，どうしてもより一歩進んだ成果を期待して，指導を多く入れてしまいました。せめて指導の前に，生徒には参考となる前の成果を知らせておくべきだったと反省しています。

■しくじり噺2：見栄えを求め，内容が希薄になってしまった

　生徒が見栄えを重視してしまい，画像や図が中心の成果物（ポスター）を作らせてしまいました。ポスターセッションではその結果，初めて研究を見る人にとって，研究のつながりや前提となる根拠が読み取りづらいものになり，質疑応答が活発なものとなりませんでした。

おわりに 「人格の完成」をめざす生徒と先生が創るホームルーム

　いかがだったでしょうか。お読みいただきながら，ホームルームの生徒のみなさんが輝いて感じられましたでしょうか。

　今更ですが，教育の目的ってご存じでしょうか。もちろん，先生方や保護者お一人おひとりに「教育の目的」があるんじゃないの？と思われるかもしれません。確かにそのようなお考えもアリです。しかし，ご存じの通り，我が国の教育基本法の第1条には「教育の目的」としてはっきりと書かれています。それは「人格の完成」をめざすことです。ところで，読者のみなさまの身のまわりに，「完成された人格をお持ちの方」はおられますでしょうか。少なくとも私のまわりにはおられません。

　きっと，完成された人格の正しい姿などはなく，高校であれば，自分たちなりの完成された姿を，担任と一緒に生徒さん一人ひとりが創り上げることなのではないかと思います。そのためには，各教科の学習活動だけでなく，修学旅行や文化祭，体育大会の行事，日々の他愛もない小さな発見や驚きをすべて重ね合わせることが必要で，その場がホームルームなのでしょう。

　ホームルームでは一人ひとりの学習経験に対してのクラスメイトや担任からの意見や反応があって，はじめて「自分が学んだことってそういうことだったのか」とわかります。つまり，教育基本法の謳う「人格の完成」はホームルームの仲間みんなで創るものなのです。そのホームルームの一員として，生徒のみなさんを導く担任とはなんと素晴らしいお仕事でしょう。

　これからも，生徒のみなさんと輝き続ける担任のみなさまに，最大のエールを送り，本書のおわりのことばに代えさせていただきます。

　最後になりましたが，執筆いただいた先生方，遅筆な私を我慢強く励ましてくださいました明治図書の木村悠様，そして，これまた我慢強くお目通しくださいました読者の皆様に，重ねて深くお礼申し上げます。

　2024年2月

清田　哲男

【執筆者一覧】

清田　哲男　　岡山大学学術研究院教育学域　教授
奥田　健二　　兵庫県教育創造研究会
松岡　克晋　　兵庫県教育創造研究会
岡田　明美　　兵庫県立姫路東高等学校　教諭
妹尾　佑介　　岡山県立玉島高等学校　教諭
安達　一紀　　兵庫県教育創造研究会
松浦　　藍　　岡山大学学術研究院教育学域　助教
三木　澄代　　関西福祉大学教育学部　教授
若畑　将彦　　兵庫県立飾磨工業高等学校　教諭
菅生　智文　　兵庫県立姫路東高等学校　教諭
室田　　守　　兵庫県教育創造研究会

【編著者紹介】

清田 哲男（きよた てつお）
岡山大学学術研究院教育学域　教授
1993年より兵庫県公立中学校・高等学校教諭，2009年より川崎医療福祉大学医療福祉デザイン学科講師，2014年より岡山大学大学院教育学研究科講師，准教授を経て現職。
2018年より兵庫教育大学大学院連合学校教育学研究科（博士課程）教授（兼務），2022年より岡山大学大学院教育学研究科附属国際創造性・STEAM教育開発センター（CRE-Lab.）教授（兼務）。専門は美術科教育，デザイン教育，創造性教育。
2008年読売教育賞優秀賞。
〈主な著書〉
『わかる！できる！うれしい！３ＳＴＥＰで変わる「魔法」の美術授業プラン』（2010年　明治図書出版），『子どもの笑顔をつくるゾ！みんなで満足「魔法」の絵画授業プラン』（2013年　明治図書出版），『子どもの絵の世界　絵から読み取る発達の道筋とその指導』（2018年　日本文教出版　共著），『子どもが夢を叶える図工室・美術室－創造性が社会と出会う造形教育（ANCS）をめざして－』（2018年　あいり出版　編著），『高等学校　生徒指導要録の書き方＆所見文例集』（2023年　明治図書出版　編著）他

〔本文マンガ〕　松浦　藍

担任力を確実にアップする
高等学校　ホームルーム経営マスター

2024年３月初版第１刷刊	©編著者	清　田　哲　男
	発行者	藤　原　光　政
	発行所	明治図書出版株式会社

http://www.meijitosho.co.jp
（企画）木村悠（校正）染谷和佳古
〒114-0023　東京都北区滝野川7-46-1
振替00160-5-151318　電話03(5907)6703
ご注文窓口　電話03(5907)6668

＊検印省略　　　　　組版所 朝日メディアインターナショナル株式会社

Printed in Japan　　　　　ISBN978-4-18-309926-6
もれなくクーポンがもらえる！読者アンケートはこちらから